Claudia Müller-Ebeling und Christian Rätsch

Zauberpflanze Alraune
Die magische Mandragora

Aus der Reihe:
Die Nachtschattengewächse – Eine faszinierende Pflanzenfamilie
Hrsg. von Roger Liggenstorfer und Christian Rätsch

Bereits veröffentlichte Titel:
Wolf-Dieter Storl: Götterpflanze Bilsenkraut
(Überarbeitete Neuauflage, 2004)
Christian Rätsch: Schamanenpflanze Tabak Band I (2002)
Christian Rätsch: Schamanenpflanze Tabak Band II (2003)
Markus Berger: Stechapfel und Engelstrompete (2003)
Patrizia F. Ochsner: Hexensalben und Nachtschattengewächse (2003)

Weitere geplante Titel:
Die Tollkirsche – Königin der dunklen Wälder
Chillifeuer und Knollengenuss – Die essbaren Nachtschattengewächse
u. a. m.

Ander Teyl des Teütsch
en Contrafayten
Kreüterbůchs.

Durch Doctor Otth Brunnfelß
zůsammen verordnet vnd
beschriben.

M. D. XXXvij.

Mit Keyserlicher Maiestät Freyheyt
vff Sechs jar.

Zů Straſſzburg bey Hans Schotten
zům Thyergarten.

Die Alraune ist zum Symbol des Kräuterbuchs, also des gesamten Kräuterwissens, geworden. (Innentitelseite von Otto BRUNFELS, ***Anderer Teil des deutschen, bebilderten Kräuterbuches***, zu Straßburg gedruckt im Jahre 1532)

CLAUDIA MÜLLER-EBELING und CHRISTIAN RÄTSCH

Zauberpflanze Alraune
Die magische Mandragora

Impressum

Verlegt durch
NACHTSCHATTEN VERLAG AG
Kronengasse 11
CH - 4500 Solothurn
www.nachtschatten.ch
info@nachtschatten.ch

2. Auflage 2020

Layout: Janine Warmbier

Umschlaggestaltung: Janine Warmbier

Lektorat: Conny Schönfeld, Freiburg

Printed in EU
ISBN 978-3-907080-98-6

Warnung und Hinweise
Nachtschattengewächse und viele andere Pflanzen können bei unsachgemäßem Gebrauch negative Auswirkungen auf die Gesundheit haben! Die hier zitierten Angaben und rekonstruierten Rezepte aus alten Quellen enthalten Dosierungs- und Mengenangaben, deren Wirkung – je nach der regionalen Herkunft der genannten Pflanzen, deren Verarbeitung wie auch der individuellen Akzeptanz – unvorhersehbar variieren kann. Daher sind alle hier publizierten Angaben lediglich als historische Belege oder Rekonstruktionen zu werten und sollen in keinster Weise zu unbedachten Selbstversuchen animieren!

Danksagung

Nebst unserer Familie danken wir unserem immer wieder erstaunlichen Archivar az; unseren treuen Kollegen und Geschäftspartnern Urs Hunziker, Michael Günther, Christine Gottschalk-Batschkus von ETHNOMED, Margret Madejsky und Olaf Rippe von NATURA NATURANS, München, Markus Berger und Hartwin Rohde sowie Sven »Meyermann«; unseren Amsterdamer Freunden von »Conscious Dreams« und »Psychoactivity«.
Ferner wertschätzen wir die »grünen Daumen« der »Blumenschule Schongau« und von »Artemisia« im Allgäu.
Des Weiteren bedanken wir uns bei unseren wunderbaren und bewährten Übersetzern John Baker und Annabel Lee; den langjährigen Freunden der »Dienstagsrunde«; bei Wolfram Oehler, Alex Choinka und Patrizia Ochsner für segensreiche Unterstützung; bei Mark Nauseef, Christopher Johnsson (»Therion«) und der Band »Mandra Gora Light Show Society« für musikalische Inspirationen.
Und vor allem bei der Crew vom Nachtschattenverlag: Roger Liggenstorfer, Agnes Tschudin und Cornelia Schoenfeld, wie auch unserer Layouterin Janine Warmbier – deren unermüdlichem Engagement dieses Buch zu verdanken ist!

Inhalt

Vorwort 7

Einleitung 9

Ein echtes Nachtschattengewächs 10
Botanik und Pharmakologie 11
Anbau 12
Systematik 13
Synonyme 14
Volkstümliche Namen 19
Inhaltsstoffe 20
Wirkungen 23
Erfahrungsberichte 27

Germanische Wurzeln 33

Alruna, die »Allwissende« 33
Wotan – Entdecker der Runen 35
Runen und Alraunen 36

Christian Rätsch:
Die Alraune in der Antike 39

Die Menschenwurzel der Parsen 40
Die Alraune im alten Orient 41
Duftende Liebesäpfel 43
Rumänischer Alraunenkult 46
Die Zauberwurzel 47
Die Entstehung des Menschengeschlechts 50
Die Alraune im pharaonischen Ägypten 51
Die Vernichtung des Menschengeschlechts 54
Alraunenbier: Ein Brauexperiment 56
Die Wurzel der dunklen Göttin 59
Rezept für Mandragorenwein 64
Die goldenen Äpfel der Aphrodite 65
Eine Pflanze der Blitzgötter 67

Die Alraune als Medizin im antiken Griechenland 68
Morion und Tollkirschen 69
Der Mandragorenwein 76
Die Alraune in der römischen Literatur 78

Claudia Müller-Ebeling:
Die Alraune in christlicher Zeit 83
Daimon und Dämonen 85
Magie und Mysterium 87
Die Alraune in der Kunst 89
Die gekrönte Wurzel 92
Der süße Wohlgeruch der Kirche 95
Gekrönt vom Glauben 96

Magische Praktiken 99
Entstehungsfabeln 100
Rituale zur Bergung 101
Magische Verwendungen 104
Belebung als *Homunculus* 106
Alraunen in der Trivialkultur 108
Galgenmännlein und Glückspuppen 113
Das Galgenmännchen auf okkulten Abwegen 116
Alraunen, Wichtel und andere »Heinis« 119
Feste und Rituale zu Ehren der Erdgeister 123

Anhänge 125
Falsche Alraunen 125
Kulturelle Konzepte 127
Medizinische Anwendungen 129
Räuchern mit Alraunen 132
Discographie 135

Bibliographie 141

Zu den Autoren 163

Vorwort

»Die zauberkräftigste wurzel ist die ***alrune***.«
(Grimm 1875: 352)

In einer Reihe über Nachtschattengewächse darf die sagenumwobene menschengestaltige Wurzel nicht fehlen. Seit der Antike befruchtete sie unter dem Namen Alraune oder Mandragora unzählige Legenden und Spekulationen. Wer die weitläufige Literatur zu diesem Nachtschattengewächs kennt, mag sich fragen: »Noch ein Buch über die Alraune! Gibt es davon nicht schon genug?« Wer tiefer in die Materie eindrang weiß, dass es bislang (dem aktuellen Forschungsstand entsprechend) kaum umfassende botanische, pharmakologische, medizinische, mythologische und kunsthistorische Darstellung über diese sagenumwobene Pflanze gibt.

Ihre medizinische und magische Verwendung, ihre aphrodisische und psychoaktive Wirkungen sowie ihre Mythologie und der sie umgebende Sagenkreis heben sie aus der Fülle der Zauberkräuter heraus (Schlosser 1987, Schöpf 1986, Starck 1986). Es gibt kaum eine andere Pflanze, die ein derart reiches Schrifttum hervorgebracht hat (vgl. Hansen 1981). Ihre Bedeutung in der Antike ist zwar schon häufiger angesprochen worden, doch ist das Thema niemals erschöpfend behandelt worden. Archäologische Entdeckungen, die Erschließung obskurer Quellen, linguistische Vergleiche sowie neue Hypothesen und Theorien haben es erforderlich gemacht, dieses faszinierende Kapitel der Ethnobotanik neu zu schreiben.

In diesem Buch werden alle wesentlichen Themenkreise der Zauberpflanze berührt, die auch auf neuen Forschungen beruhen. Somit entsteht ein neues Bild des magischen Nachtschattengewächses, das seiner herausragenden Stellung in der Kulturgeschichte und Zauberbotanik gerecht wird.

In neuster Zeit verschaffte die Engländerin JOANNE K. ROWLING (Jahrgang 1967), die als Schöpferin der Harry-Potter-Bücher als erfolgreichste Kinderbuchautorin aller Zeiten gilt, der Zauberpflanze Alraune weltweite Berühmtheit. Mit großer Spannung erwarten Kinder und Erwachsene die Verfilmung jedes weiteren Harry-Potter-Bandes.[1]

In dem im November 2002 angelaufenen zweiten Film ***Harry Potter und die Kammer des Schreckens*** lernen die Zweitklässler in Hogwarts-Schule für Zauberer und Hexen das Umtopfen der noch jungen, aber widerspenstigen und garstig kreischenden Wurzeln. »Die Alraune, oder Mandragora, ist eine mächtige Rückverwandlerin (...). Sie wird verwendet, um Verwandelte oder Verfluchte in ihren ursprünglichen Zustand zurückzuversetzen. (...) Die Alraune bildet einen wesentlichen Bestandteil der meisten Gegengifte. Freilich ist sie auch gefährlich (...). Der Schrei der Alraune ist tödlich für jeden, der ihn hört«, ist im zweiten Band zu lesen (ROWLING 1999: 96). Weitere magische Hinweise und Erläuterungen ihrer psychoaktiven Wirkung bleiben den Harry-Potter-Fans freilich verborgen. Mehr darüber ist in unserem Buch zu erfahren.

»Das eigentliche Herausziehen mußte bei Sonnenuntergang erfolgen. Nur, wenn sie nicht zu heftig gezogen wird, stößt sie auch nicht den fürchterlichen Schrei aus, der Menschen zu Stein erstarren läßt.« (BOLAND 1983: 98)

Nach der Ausstrahlung des zweiten Harry-Potter-Filmes waren in England sämtliche Alraunen schlagartig ausverkauft. Aufgrund des vom Golfstrom begünstigten milden Klimas ist dort die Mandragora als beliebte Gartenpflanze geschätzt. Sie gedeiht in erstaunlich vielen Gärten prächtig und treibt sogar Früchte aus, die so genannten »Goldenen Äpfel der Aphrodite«. Fragt sich nur, wann die Harry-Potterianer beginnen, die magische Wurzel selbst zu verspeisen ...

Immerhin zeugt die Bandbreite der hier versammelten Themen rund um die sagenumwobene Menschenwurzel davon, dass nicht nur mit der materiellen Verwertung einer Pflanze, sondern auch mit ihrem Mythos eine Menge Geld zu verdienen ist. Im Mittelalter ebenso wie in der angeblich entzauberten Welt von heute!

---

[1] Im Frühjahr 2004 kam die Verfilmung des dritten Bandes ***Harry Potter und der Gefangene von Askaban*** in die Kinos.

Einleitung

»Die Wurzel grab aus, laß fließen den Saft,
schon tanzen die Geister der Ahnen am Dach ...«
SERGIO ARNEODO, ***Dàncen lou sabbo***
(in HAID 1992: 66)

Die Alraune ist die wohl berühmteste Pflanze der abendländischen Kultur und wird zurecht als »berühmteste Zauberpflanze der Geschichte« bezeichnet (HEISER 1987). Als Mandragora, Mandrake oder Menschenwurzel ist sie eine wundertätige, anthropomorphe Wurzel der Rhizotomen oder Wurzelschneider, ein bewusstes Wesen der ***magoi*** oder Magier, zu denen auch die Heiligen Drei Könige gehörten.

Die goldgelben Früchte der Alraune können etwas bewirken, das ganz im Sinne der Aphrodite ist: Sie erzeugen eine rauschhafte erotische Lust. Die Früchte werden sogar in der Bibel als »Liebesäpfel« bezeichnet; dieser Name hat sich bis in die Kräuterbücher der frühen Neuzeit gehalten. Die Früchte haben ein durchaus fruchtiges Aroma, schmecken aber eher wie Tomaten, die gleichermaßen zu den Nachtschattengewächsen (Solanaceae) zählen. Die Blätter riechen etwas nach Tabak. Wenn die Früchte gereift sind, vertrocknen die Blätter. Bald bleibt keine sichtbare Spur der Pflanze zurück. Nur die oft meterlange, fleischige, unterirdische Wurzel birgt noch Leben in sich. Sie wird erst im folgenden Jahr wieder Blätter und Blüten austreiben.

Die getrocknete Wurzel wurde in der Antike in Wein eingelegt und als Liebestrank genossen. Im Land der Aphrodite ist die Alraune seit dem Altertum als Aphrodisiakum bekannt und wurde unfruchtbaren Frauen als Fruchtbarkeitsspender eingeflößt. Darauf bezieht sich letztlich auch der Brauch, die »Goldenen Äpfel« als Schmuck in den Weihnachtsbaum zu hängen, allerdings in Form von rotbackigen Äpfeln oder schimmernden Glaskugeln. Um die aufkeimende Fruchtbarkeit im Frühling zu beschwören, werden auch in der Osterzeit Bäume und Sträucher mit farbigen Eiern verziert – insbesondere Birken, Weiden, Apfel- und Mandelbäumchen sowie gelb blühende Gartenforsythien beziehungsweise Goldglöckchen (*Forsythia* x *intermedia* ZAB., Oleaceae).

Ein echtes Nachtschattengewächs

Die Alraune gehört zu den berühmtesten Nachtschattengewächsen, die mit der Aura von Hexenkräutern behaftet sind. Wenn es um Hexensalben, magische Trünke und Liebeszauber geht, wird die Mandragora meist in einem Atemzug zusammen mit Stechapfel, Tollkirsche und Bilsenkraut genannt, die ebenfalls zur Familie der Solanaceae gehören. Diese botanische Familie liefert viele ethnobotanisch und ernährungstechnisch bedeutsame Arten wie Kartoffel und Tomate, Chili und Paprika, Aubergine oder Eierfrucht, Pituri und Korkbaum, Physalis und Kängurubaum, Tabak und Petunie, Veilchenstrauch und Engelstrompeten. Die Nachtschattengewächse werden weltweit als Heilmittel und Medikamente, Aphrodisiaka und Entheogene, Nahrungsmittel und Gewürze, Drogen- und Alkaloidlieferanten, Genussmittel und Räucherstoffe, Zierpflanzen und Dekoration, Amulette/ Talismane und Zauberpflanzen genutzt.

Die Alraune birgt viele dieser Nutzanwendungen. Sie wird als Aphrodisiakum und

Alraunengestaltige Darstellung einer magischen Pflanze auf einem mexikanischen Zauberpapier. Es wird von den Otomí-Indianern am Feld eingegraben, um es fruchtbarer zu machen.

Liebeszauber geschätzt, als rituelles Rauschmittel, Tabakersatz oder -zusatz und magischer Räucherstoff, als Amulett und Zauber»puppe«. Vor diesem mannigfaltigen Hintergrund wurde sie desgleichen zum beliebten literarischen Sujet, zur Märchenfigur, zum Comic-Charakter und zum vielfach thematisierten Gegenstand von Filmen.

Botanik und Pharmakologie

Viele halten die geheimnisvolle Alraune oder Mandragora – die »Königin aller Zauberkräuter« – lediglich für ein Fabelwesen und sind erstaunt, dass es sich dabei um eine echte Pflanze handelt. Kein Wunder. Da sie in nördlichen Breitengraden nicht heimisch ist, sondern nur in heißen Gefilden, wie dem östlichen Mittelmeerraum oder im Nahen Osten, wurden die meisten auf sie lediglich durch Mythen und Sagen aufmerksam.

Alle Alraunenarten sind mehrjährige, stengellose Pflanzen und sehen sehr ähnlich aus. Sie haben lange fleischige Wurzeln, die mitunter bizarre oder anthropomorphe Formen annehmen. Die Wurzel (das Rhizom) kann bis zu einem Meter werden. Einmal im Jahr treibt sie aus der Wurzel lange und breite Blätter aus, die eine charakteristische Rosette bilden. Aus ihrer Mitte wachsen die bläulichen oder violetten glockenförmigen fünflappigen Blüten an kurzen Stielen hervor. Wenn die Früchte reifen, verwelken die Blätter. Die meiste Zeit des Jahres bleibt die Pflanze »unsichtbar« im Erdreich verborgen.
Die Blätter riechen etwas nach Tabak. Die goldgelben Früchte haben ein

Magic Plants, darunter die Alraune und ein Wurzelfetisch der südamerikanischen Indianer (Illustration aus Verrill 1939: 181).

durchaus fruchtiges Aroma (ähnlich wie *Physalis*-Früchte), schmecken aber eher wie Tomaten.
Die Alraune gedeiht an trockenen, sonnigen Orten, meist an Wegen und in alten Tempelbezirken und kommt in ihren Verbreitungsgebieten nur selten vor.

Anbau

Die Vermehrung geschieht durch Samen (die denen von ***Datura innoxia*** ähneln). Die Samen werden am besten vorgekeimt (wie bei ***Datura discolor***). Die Keimlinge sollten in sehr große Töpfe umgepflanzt werden, da die Pflanze über Jahre hinweg eine sehr große Wurzel ausbildet. Nach vier Jahren treibt sie erstmals Blüten aus. Die Pflanze kann gut in Muttererde mit einem leichten Sandanteil gezogen werden. Sie darf auf keinen Fall zu stark gewässert werden, vor allem nicht in der Ruhephase, in der keine Blätter zu sehen sind.
Obwohl die Pflanze eigentlich keinen Frost verträgt, kann sie doch in Mitteleuropa als winterfeste Pflanze gehalten werden. Vor allem auf der vom Golfstrom klimatisch begünstigten Insel Großbritannien gedeiht sie in unzähligen Gärten prächtig und treibt zuverlässig Blätter, Blüten und sogar große Früchte aus. Um sie vor den Frösten auf dem europäischen Festland zu schützen, muss der Standort der Pflanze im Herbst mit einem Haufen Laub bedeckt werden. Wer sie im Topf auf dem Balkon über den Winter bringen möchte, sollte das Gefäß mit geeignetem Isoliermaterial (Zeitungspapier oder ähnliches – nicht aber Plastik, da sich darunter Staunässe bildet) gegen Kälte schützen. Im Frühjahr wird das alte Laub und sonstige Isoliermaterial entfernt.

Samen der *Mandragora officinarum*
(Foto: Rätsch)

Rezept für einen aphrodisischen »Liebestrank«
(leicht abgeändert nach den Angaben von MILLER 1988: 51)

1 Flasche Weißwein	Sorte je nach Geschmack
28 Gramm Vanilleschoten	***Vanilla planifolia*** ANDR.
28 Gramm Zimtstangen	***Cinnamomum verum*** J. S. PRESL
28 Gramm Rhabarberwurzel	***Rheum officinale*** BAILL. oder ***R. palmatum*** L.
28 Gramm Alraunenwurzel	***Mandragora officinarum***

Alle Zutaten werden grob zerkleinert und für zwei Wochen mit dem Wein angesetzt. Möglichst einmal täglich schütteln. Dann die Flüssigkeit durch ein Sieb abgießen und eventuell mit etwas Johanniskraut (***Hypericum perforatum*** L.) oder Safran (***Crocus sativus***) würzen. Je nach Bedarf mit Honig süßen (am besten in Verbindung mit Gelée Royal). Die Dosierung sollte wie bei einem Likör erfolgen.

Systematik

Abteilung: *Spermatophyta* (Samenpflanzen)
Klasse: *Dicotyledonae* (= Magnoliatae; Zweikeimblättrige Pflanzen)
Unterklasse: *Asteridae*
Ordnung(sgruppe): *Tubiflorae s.l.*
Familie: *Solanaceae* (Nachtschattengewächse) – 90 Gattungen, zirka 2.000 Species
Tribe: *Solaneae*
Subtribe: *Mandragorinae*
Chemotaxonomische Untergruppe bestehend aus den Gattungen *Mandragora* und *Scopalia* (JACKSON und BERRY 1979: 511)
Gattung: *Mandragora* (Typ: *M. officinarum* L.)

Botanisch wird die so genannte Frühlingsalraune (***Mandragora officinarum***) von der Herbstalraune (***Mandragora autumnalis***) unterschieden, da sie ihre Blattkrone zur entsprechenden Jahreszeit austreiben und blühen. ***M. officinarum*** blüht im Mai, ***M. autumnalis*** im September, Oktober, November.[2] Die botanische Identität dieser beiden europäischen Arten blieb lange Zeit ungeklärt. Zu ihnen sind nur zwei gültige Taxa bekannt (vgl. Jackson und Berry 1979, Tercinet 1950: 118-121).

Synonyme

Mandragora officinarum Linné 1753 - »Der männliche Alraun«

Atropa acaulis Linné 1762
Atropa Mandragora (L.) Woodville 1794[3]
Mandragora officinalis Bertoloni 1824
Mandragora hausskenchtii Heldreich 1886
Mandragora hybrida Hausskn. et Heldr.
Mandragora hispanica Vierhapper 1915
Mandragora mas Gersault
Mandragora neglecta G. Don
Mandragora praecox Sweet
Mandragora vernalis Bertolini 1824

Atropa belladonna L., Solanaceae (Nachtschattengewächse) [syn. *Mandragora belladonna* nom. nud., *Atropa lethalis* Salisb., *Belladonna baccifera* Lam., *Belladonna trichotoma* Scop.] = Mandragora Theophrasti

---

[2] Dennoch herrscht auch hierzu in der Fachliteratur Verwirrung. So heißt es noch immer im voluminösen deutschsprachigen Standardwerk über Giftpflanzen, dass die ***M. officinarum*** im Herbst, die ***M. autumnalis*** (autumnalis heißt »herbstlich« ...) aber im Frühjahr blühen würde (Roth et al. 1994: 485).

[3] Das alte Synonym, das in der botanischen, ethnobotanischen und medizin-historischen Literatur (zum Beispiel bei Eliade 1982: 215-234) viel Verwirrung gestiftet hat, lautet ***Atropa mandragora*** L.

Mandragora autumnalis Spreng. – »Die weibliche Alraune«
Mandragora microcarpa Bertolini 1835
Mandragora foemina Gersault
Mandragora officinalis Moris ex Miller 1768
Mandragora officinarum Bertol. non Linnaeus

Beide europäische Arten sind anatomisch sehr ähnlich. Das Rhizom von *M. officinarum* wird jedoch größer als das von *M. autumnalis* (Berry und Jackson 1976). Beide Arten sind in Südeuropa von Portugal bis Griechenland verbreitet. Häufig sind sie in Griechenland und Italien (Festi und Aliotta 1990; Viola 1979: 175). Nördlich der Alpen kommen sie niemals wild vor (Beckmann 1990: 129). Allerdings ist die Wurzel winterfest und kann auch in Mittel- und Nordeuropa gezogen werden. Beide Arten kommen auch in Nordafrika (Marokko), in Kleinasien und im vorderen Orient vor (Strasser 1993: 106). Sie sind auf den meisten Mittelmeerinseln (Zypern, Kreta, Sizilien) gut vertreten (Georgiades 1987: 50; Iatridis 1986: 27; Sfikas 1990: 246).

Botanisch werden heute vier bis sechs Arten der Gattung *Mandragora* akzeptiert, die auf Eurasien und Nordafrika beschränkt sind (D'Arcy 1991: 78f., Symon 1991: 147).
Es gibt noch einige asiatische Arten oder Varietäten, deren Taxonomie jedoch lange Zeit nicht revidiert wurde.[4] Obwohl nicht geklärt werden kann, ob diese Arten in der Antike schon bekannt waren (aber gewesen sein können – bereits Alexander der Große erreichte das Himalaya!), sollen sie hier angeführt werden:

Mandragora turcomanica Mizgireva 1942 (1955) – Turkmenische Alraune
Diese seltene nur in Turkmenien wachsende, violett blühende Art wurde von der Bevölkerung des Sumbartales seit alters her als Heilmittel

[4] Schultes und Hofmann sagen, dass es sechs Species der Mandragora gäbe. Leider werden sie nicht genannt (1980: 296).

verwendet. Offensichtlich wurde diese asiatische Art schon im Mittelalter von asiatischen Autoren wie ABU-REICHAN BERUNI (973-1048) mit der europäischen Mandragora der antiken Literatur identifiziert. Nach KHLOPIN (1980: 227) ist sie mit der männlichen Mandragora des DIOSKURIDES identisch. Ihre großen, saftigen goldgelben Früchte gelten in Maßen genossen als essbar. Die turkmenische Alraune gedeiht nur auf lehmigen Böden in 600 Metern Höhe (KHLOPIN 1980).

Die Parsen hatten aber auch eine heilige Pflanze mit berauschenden oder entheogenen Qualitäten, die ***Haoma*** hieß und im ***Awesta*** oft genannt wird. Nun ist die botanische Identität von ***haoma*** genauso unsicher wie vom indischen Soma oder griechischen Ambrosia. Möglicherweise wurden auch mehrere Pflanzen mit dem Wort ***haoma*** bezeichnet (vgl. RÄTSCH 1995). Schon früher wurde die Vermutung geäußert, dass das haoma mit der Alraune identisch sein könnte (SCHLOSSER 1987). Mit der Entdeckung und Beschreibung der turkmenischen Alraune wurde diese Hypothese wieder aufgegriffen:

»Wenn man die Beschreibung der Haoma der Awesta mit der weißen männlichen Mandragora der antiken und mittelalterlichen Gelehrten vergleicht, so kann man sehen, dass es sich wahrscheinlich um dieselbe Pflanze handelt. Andrerseits, muss man dieselbe weiße männliche Mandragora mit der turkmenischen Mandragora identifizieren. Also benutzten die awestischen Arier [die alten Parsen] für die Anfertigung des Göttergetränks die turkmenische Art der Mandragora und nannten sie Haoma ... Als die indischen Arier nach dem Zerfall

179
Vom Alraun. Cap. LXXV.

Faksimile aus dem ***Kräuterbuch*** von TABERNAEMONTANUS (1731).

der indisch-iranischen Einheit nach Nordindien vom Westen eingedrungen waren, haben sie dort die himalaische Art der Mandragora gefunden, welche den Namen Soma bekommen hat.« (KHLOPIN 1980: 230f.) Leider sehe ich mich wegen mangelnder Daten außerstande, diese Hypothese zu be- oder widerlegen (vgl. RÄTSCH 1992).

Mandragora caulescens C. B. CLARKE 1883 – Himalaya-Alraune
[Synomym: ***Anisodus humilis*** (HOOK. F.)]
Es wurden bisher vier Unterarten der Himalaya-Alraune beschrieben (MECHLER 1993: 765):

- ***Mandragora caulescens*** ssp. brevicalyx GRIERSON et LONG
- ***Mandragora caulescens*** ssp. ***caulescens***
- ***Mandragora caulescens*** ssp. flavida GRIERSON et LONG
- ***Mandragora caulescens*** ssp. purpurascens GRIERSON et LONG

Diese gelb blühende, ***kattuchooti*** oder ***Chi'ieh Shen*** genannte Art kommt nur im Himalaya-Raum im Hochgebirge zwischen 3.000 und 4.000 Metern Höhe vor (POLUNIN und STAINTON 1985: 287, plate 93). Sie ist häufig in Sikkhim und Darjeeling. Ihr Verbreitungsgebiet erstreckt sich über Tibet bis nach West China (DEB 1979: 94). Sie wächst im westlichen Sichuan, nordwestlichen Yunnan und östlichen Xizang zwischen 2.200 und 4.200 Metern Höhe (LU 1986: 81f.). In Sikkhim werden mit dieser Alraunenart magische Rituale vollzogen (MEHRA 1979: 162). Sie wird in der traditionellen chinesischen und tibetischen Medizin bei Magenbeschwerden verwendet (MECHLER 1993: 765). In Sikkim wird sie manchmal als Alternative zu ***Withania somnifera*** verwendet und auch als das vedische ***jangida*** gedeutet. Die Wurzel enthält 0,13 Prozent Hyoscyamin, möglicherweise auch Mandragorin. Scopolamin und Cuscohygrin konnten nicht nachgewiesen werden (MECHLER 1993: 765).

Mandragora Shebbearei FISCHER 1934 – Tibetische Alraune
Diese Art oder Varietät der Alraune soll nur in Tibet vorkommen (vgl. TERCINET 1950: 122). Möglicherweise ist sie mit ***M. caulescens*** identisch.

Mandragora chinghaiensis KUANG et A. M. LU 1978 – Chinesische Alraune

Diese erst jüngst beschriebene, auch ***Chinghai Chi'eh Shen*** genannte Alraunenart ist in dem Qinghai-Xizang Plateau im westlichen China endemisch. Ihre Wurzel wird in der dortigen Volksmedizin verwendet (LU 1986: 82), in Tibet gegen Schmerzen und als Ersatz für ***Mandragora caulescens***. In der ganzen Pflanze sind 0,19 Prozent Hyoscyamin und 0,12 Prozent Scopolamin enthalten, in der Wurzel 0,21 Prozent Hyoscyamin und 0,48 Prozent Scopolamin (MECHLER 1993: 765).

Mandragora Morion nom. nud.

Die in der alten Literatur unter dem Namen ***Mandragora morion*** angeführte Pflanze ist entweder mit einer Mandragora-Art, mit der ***Atropa belladonna*** oder einem anderen Nachtschattengewächs (***Solanum*** spp., ***Withania somnifera***) identisch. In der antiken Literatur heißt es von *Mandragora Morion*:

»Man berichtet, es gäbe noch eine andere, Morion [von ***moria*** = ›Stumpfheit der Sinne‹ oder ***morion*** = ›männliches Glied‹] genannte Art [vielleicht die ***Mandragora turcomanica*** oder ***M. caulescens***], die an schattigen Plätzen und um Felsenhöhlen wächst. Sie hat Blätter wie die weiße Mandragora, aber kleiner und etwa spannenlang, weiß, kreisförmig um die Wurzel gestellt, welche zart, weiß, etwas größer wie eine Spanne und daumendick ist. Diese, in der Gabe von einer Drachme [zirka 3,8 Gramm] getrunken oder mit Graupen im Brot oder in der Zukost genossen, soll tiefen Schlaf bewirken;

Aufblühende Knospen der *Mandragora officinarum* (Zypern; Foto: RÄTSCH).

es schläft nämlich der Mensch in derselben Stellung, in welcher er sie genossen hat, ohne jede Empfindung drei bis vier Stunden von da ab, wo sie eingenommen ist. Auch diese gebrauchen die Ärzte, wenn sie schneiden oder brennen wollen. Die Wurzel soll auch ein Gegenmittel [antidoton] sein, wenn sie mit dem sogenannten ***Strychnos manikos***[5] genommen wird.« (DIOSKURIDES IV, 76)

Volkstümliche Namen der Alranue

Deutsche Namen

Alrun, Alrüneken, Araunl, Armesünderblume, Dollwurz, Drachenpuppe, Folterknechtwurzel, Galgenmännlein, Geldmännlein, Hausväterchen, Henkerswurzel, Liebeswurzel, Mann-Trägerin, Menschen-Wurzel, Zauberwurzel

Indogermanische Namen

alrune (Schwedisch); ***andrvpomorfoß***, »menschengestaltig« (Altgriechisch, nach PYTHAGORAS); ***dame herbe*** (Französisch); ***dukkeurt***, »Dollwurz« (Dänisch); ***Main de gloire*** (Französisch); ***mala canina***, »Hundeapfel«, ***ciceron***, »Pflanze der Kirke« (Römisch); ***mandegloire*** (Französisch); ***mandragora, mela canina***, Hundeapfel« (Italienisch); ***Mandragoraß*** (Altgriechisch); ***kalanuropoß***, »guter Mann« (Zypriotisch); ***mandrake, womandrake*** (Englisch); ***mannikin***, »Männchen« (Belgisch); ***mardom ghiah***, »Manneskraut« (Persisch); ***mardum-gia***, »Menschenkraut« (Altpersisch); ***matraguna***, »Hexentrank« (Rumänisch)[6]; ***matryguna*** (Galizisch); ***mehr-egiah***, »Liebeskraut« (Persisch); ***thjo-farót***, »Diebswurzel« (Isländisch); ***pisdiefje*** (Holländisch)

---

[5] Diese bisher nicht sicher identifizierte Pflanze wird von vielen Autoren als Gemeiner Stechapfel (***Datura stramonium***) gedeutet. Diese vermutlich aus Indien oder vom Kaspischen Meer stammende Pflanze wurde verschiedentlich als das tranceinduzierende Rauschmittel der Pythia angesehen (MEHRA 1979: 167). Von der Wirkung des »Rasendmachers« (manikon) berichtet PLINIUS, »man bekomme Scheingestalten und Wahnbilder vorgegaukelt« (XXI 178).

[6] Mit diesem Namen werden in Rumänien auch die Tollkrische (***Atropa belladonna***) sowie das Tollkraut (***Scopolia carniolica***) bezeichnet. In der Tat sind alle drei Pflanzen eng miteinander verwandt und haben ähnliche Wirkungen auf das Bewusstsein (vgl. SCHÖPF 1986: 114).

Semitische Namen

abu'l-ruh, »Meister des Lebensatems« (Altarabisch); ***baaras***, »der Brand« (Hebräisch); ***Bayd al-jinn***, »Hoden des Dämon« (Neu-Arabisch); ***dûdâ'îm*** (Hebräisch); ***jebrûah***, »menschenähnliches Kraut« (Aramäisch, Syrien), ***loschtak*** (Armenisch); ***luffah manganin***, »Tolläpfel« (Arabisch); ***Manrakor*** (Armenisch); ***Namtar Ira***, »die männliche [Pflanze] des Gottes der Plagen« (Assyrisch); ***rrm.t*** oder ***m^{c}ntr^{c}gwrw*** (Ägyptisch); ***Sirag el-Kotrub***, »Teufels-Lampe« (Arabisch, Palästina); ***Siradsch Elkutrhrub***, »Wurzel des Dämon Elscherif« (Arabisch, Andalusien); ***Tufah al-jinn***, »Apfel des Dämon« (Neu-Arabisch); ***Tufah al-Majnun***, »Die [Liebes]-Äpfel des Majnun[7]« (Arabisch); ***tufhac el sheitan***, »Teufelsäpfel« (Arabisch); ***yabrough***, »Lebenspender« (Arabisch, Syrien); ***yavruchin*** (Aramäisch)

Andere Namen

Adamova golowa, »Adamshaupt« (Russisch); ***Adam-kökü***, »Menschen-Wurzel« (Türkisch); ***mandragóra*** oder ***natragulya*** (Ungarisch); ***pevenka trava***, »das Kraut, das schreit« (Russisch); ***ya pu lu*** (Chinesisch, offensichtlich ein aramäisches Lehnwort)

Inhaltsstoffe

Die Alraune enthält besonders in der Wurzel (0,3 bis 0,4 Prozent), aber auch in den Blättern die psychoaktiven und anticholinergen Tropan-Alkaloide Scopolamin, Atropin, Apotropin, Hyoscyamin, Hyoscin, Mandragorin, Cuskhygrin[8], Solandrin und andere (siehe Tafel; vgl. auch MAUGINI 1959; STAUB 1962). Das Alkaloidgemisch, das früher unter dem Namen Mandragorin[9] beschrieben wurde (AHRENS 1889, HESSE 1901), kann psychedelische oder hypnotische Zustände auslösen, aber auch erotische Erregung, Raserei, Tanzwut, Delirien bewirken und sogar zum Tod durch Atemlähmung führen (ROTH et al. 1994). Früher gal-

[7] Eine Anspielung auf den arabisch Liebesroman ***Majnun und Layla***.
[8] Nach SCHULTES und HOFMANN (1980: 298) ist Cuscohygrine mit Mandragorine identisch.
[9] Das Alkaloid Mandragorin hat die Summenformel $C^{15}H^{19}NO^{2}$ (ROTH et al. 1994: 485).

ten die Früchte als giftig und daher ungenießbar. Ihr Verzehr ist jedoch unbedenklich, denn sie enthalten nur Spuren von Alkaloiden (GERMER 1985: 170). Die Alkaloide sind gut wasserlöslich. Aus diesem Grund werden Tinkturen aus einem wässrigen Gesamtauszug gewonnen und eignet sich das Bierbrauen (siehe Seite 56ff.) besonders gut, um die Wirkstoffe der Alraune freizusetzen.

Die aromatischen Komponenten des Duftes der Alraunenfrüchte konnten kürzlich chemisch identifiziert werden. Die Zusammensetzung ist für einen Duftstoff sehr ungewöhnlich (siehe Tabelle, Seite 22f.), besonders die hohe Anwesenheit schwefelhaltiger Chemikalien[10].

In der assoziativen Beschreibung, die in der Parfümindustrie üblich ist, heißt es: »Der Geruch der Mandragora ist einzigartig. Er wird nicht wie die klassischen Duftpflanzen Rose, Lilie oder Jasmin wahrgenommen, sondern birgt eine subtile Note von Gefahr. Sein betäubendes und suchterzeugendes Aroma hinterläßt einen starken Eindruck auf das Gedächtnis und ruft

Die Früchte der angebauten Alraunen (***Mandragora officinarum***) in den britischen Gärten werden bevorzugt von Schnirkelschnecken (Helicidae) gefressen, speziell von der Garten-Bänderschnecke (***Cepaea hortensis*** [O.F. MÜLLER 1774]) und der Gefleckten Weinbergschnecke (***Cryptomphalus aspersus*** [O.F. MÜLLER 1774]). (Foto: RÄTSCH)

10 »Among the multitude of aroma materials known to us through long involvment in the fragrance and flavor industry, mandrake is the only one that contains such a high proportion of sulphur compounds while clearly belonging to the category of fragrances.« (FLEISHER & FLEISHER 1994: 249)

Bilder von ungetrübter Wildheit, von Wüstenwinden, dem verwegenen Gefühl von Gefahr und romantischer Erregung.«[11]
Die Ägyptologin und Botanikerin Renate GERMER hält den Duft der Frucht »nach unserem heutigen Gefühl« für »leicht unangenehm« (GERMER 1985: 169).

Auflistung der Inhaltsstoffe

Alkaloide
(L)-Scopolamin (ROTH et al. 1994)
(D,L)-Scopolamin (ROTH et al. 1994)
Atropin (ROTH et al. 1994)
Nor-Hyoscyamin (= Solandrin) (ROTH et al. 1994)
Mandragorin (ROTH et al. 1994)
L-Hyoscyamin (JACKSON & BERRY 1979)
Hyoscin (JACKSON & BERRY 1979)
Cuscohygrin (= Bellaradin) (JACKSON & BERRY 1979)
Apoatropin (JACKSON & BERRY 1979)
3a-tigloyloxytropan (JACKSON & BERRY 1979)
3,6-ditigloyloxytropan (JACKSON & BERRY 1979)
Belladonnin (nur in der trockenen Wurzel) (JACKSON & BERRY 1973)

Diverse (STAUB 1942)
Cumarine (Scopolin, Scopoletin) (MÜLLER 1982)
Sitosterol (JACKSON & BERRY 1979)
b-methylesculetin (in der Frucht) (TERCINET 1950)

Kohlenhydrate
Zucker: Rhamnose, Glukose, Fructose, Sucrose (JACKSON & BERRY 1979)
Stärke (KHLOPIN 1980)

11 »The odor of mandrake is unique. It is not perceived as a smell of classic fragrant flowers like rose, lily or jasmine. There is a hint of subtle danger in it. Intoxicating and addictive, it makes a powerful impression on one's memory, and evokes images of unspoiled wilderness, desert wind, excitment of danger and romantic exaltation.« (FLEISHER und FLEISHER 1994: 248)

Duftstoffe/Ätherisches Öl (FLEISCHER und FLEISCHER 1992, 1994)
hauptsächlich: Ethylacetat, Ethylbutyrat, Butylacetat, Butanol, Butylbutyrat, Hexylaxetat, Hexanol, Ethyloctanoat, Ethyl-3-hydroxybutyrat, 3-methylthiolpropanol, 3-phenylpropanol, Eugenol
weitere: Methylbutyrat, Ethyl-2-methylbutyrat, Hexanal, Propylbutyrat, Limonen, (E)-2-hexanal, Ethylhexanoat, Amylalkohol, 3-hydroxy-2-butanon, Isopropylbenzen, Propylhexanoat, Hexylbutyrat, Octylacetat, Benzaldehyd, Indanon, Linalool, Octanol, Ethyl-3-methyl-thiobutyrat, Ethyldecanoat, Ethylbenzoat, a-terpinol, g-hexalacton, Benzylacetat, Carvon, Decanol, Isobutyldecanoat, b-phenethylisobutyrat, Ethyllaurat, Benzylalkohol, Henylethyl-alkohol, 3-pheylpropylacetat, Methyleugenol, g-octalacton, 2-ethyl-4-hydroxy-5-methyl-3(2H)-furanon, ethylcinnamat, g-decalacton, (E)-cinnamylacetat, Cinnamylalkohol, (E)-isoeugenol, g-dodecalaton, Vanillin

Wirkungen

Obwohl die Alraune seit Jahrtausenden eine der berühmtesten psychoaktiven Arzneipflanzen darstellt und unzählige Autoren inspirierte, gibt es in der Fülle an Literatur kaum Erfahrungsberichte.

»Im Orient wurden und werden Stechapfelgewächse und Mandragora auch zu Tabaken verarbeitet, deren Rauch sexuelle Traumbilder erzeugt, ähnlich den bekannten Rauschmitteln Opium und Haschisch oder dem Schnupfmittel Kokain.« (SILVER 1975: 62)
Dieses Zitat zeigt, dass der Autor offensichtlich keine Ahnung und keinerlei Erfahrung hat. Die Wirkungen von Opium, Haschisch und Kokain sind völlig unterschiedlich. Keine von ihnen hat irgendeine Ähnlichkeit mit der Mandragorenwirkung!

Einer der frühesten Erfahrungsberichte stammt von dem Kirchenvater AUGUSTIN (354-430), der nach eigenen Aussagen in die Wurzel hinein-

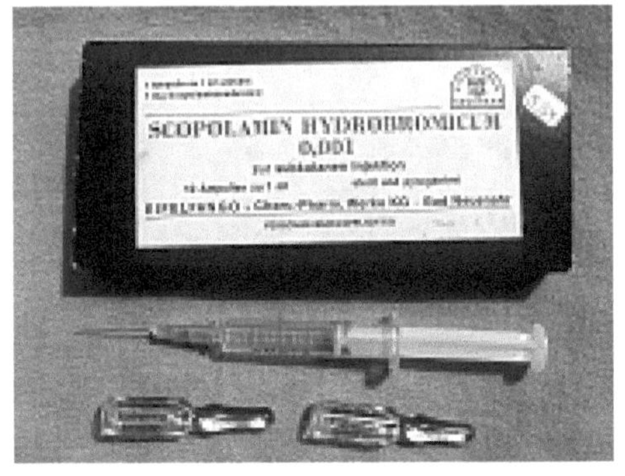

Einer der halluzinogenen Wirkstoffe der Alraune, das Scopolamin, dient in der westlichen Medizin als Medikament (Foto: Rätsch).

gebissen hat, sie aber nur »von abscheulich bitterem Geschmack befand« (Rahner 1957: 201). Der spätantike Lexicograph Suidas sagte, die Alraune hat »eine Frucht, die hypnotisch wirkt und alles in Vergessenheit sinken läßt« (***Lexicon*** 136; ***Lexicographi Graeci*** III, 317). Laut der Volksheiligen und Seherin Hildegard von Bingen (1098-1179) erzeugt die Alraune »Trugbilder« (***Physica*** 1-56).

In der modernen toxikologischen Literatur wird den Solanaceen gewöhnlich ein sehr breiter Raum gewidmet. Auffälligerweise fehlt die Alraune in den meisten Kompendien über Giftpflanzen. Vermutlich liegt das einerseits daran, dass die so genannte Giftigkeit der Alraune wesentlich übertrieben wird. Andererseits kommen aufgrund der Seltenheit der Pflanze praktisch nie Vergiftungen vor. Auch in der erfahrungsorientierten Literatur über Psychedelika fehlt die Alraune meistens oder wird nur in einem Nebensatz erwähnt (sie wird weder bei Hartwich, noch bei Lewin beschrieben!). Primärerfahrungen werden nirgends mitgeteilt. Es scheint so, als ob die magische Aura, die sich seit dem Altertum um die Wurzel gehüllt hat, auch heute noch die sonst so experimentierfreudigen Psychedeliker abschreckt.

Gustav Schenk (1905-1969) schreibt, die Wurzel erzeuge »Rausch, Narkose, Halluzinationen, Visionen« (1954: 36) und führt ein einziges Beispiel an:

»Hier ist es auch am Platz, den sonderbaren Fall eines 40-jährigen Malers wiederzugeben, der eine seltsame Mandragora-Vergiftung zum Inhalt hat. Seit seiner Kindheit litt er bei Föhnwetter an Kopfschmerzen. Ein

Bekannter riet ihm, sein Leiden mit einer Teekur zu heilen, und zwar mit ›Alraunentee‹. Er beschaffte sich drei Alraunenwurzeln, kochte sie und trank von dieser Aufkochung einige Tassen. Am anderen Tage waren seine Pupillen stark erweitert, sein Mund war trocken, und außer geringen Schwindelgefühlen blieb er sonst ohne Beschwerden. In den darauffolgenden drei Tagen trank er immer wieder von diesem Tee. Unterdes hatten sich aber gewiß die Alkaloide stärker angesammelt, denn die Wurzeln waren in der Teekanne liegengeblieben. Am vierten Tage war der Maler in einem völlig verwirrten Zustand, sein Gesicht hatte sich stark gerötet, und er raste in seiner Wohnung umher. Sein Bett trug er in das Treppenhaus hinaus und versuchte, Möbel und Bilder aus dem Fenster zu werfen. Die erschreckte Wirtin rief den Arzt, der ihn in ein Krankenhaus überführen ließ. Sein Gesicht blieb noch lange gerötet, die Pupillen waren übermäßig erweitert. Mit den Händen nestelte er an der Bettdecke. Er hatte jedes Orientierungsgefühl verloren. Doch nach zwei Tagen konnte er ohne Beschwerden entlassen werden.« (SCHENK 1954: 37f.)

ROTH et al. (1994: 485) behaupten, die Wirkung sei ähnlich wie die der ***Atropa belladonna***. Typische klinische Symptome sind Trockenheit im Mund und anderen Schleimhäuten, Vergrößerung der Pupillen, Weitsichtigkeit, Muskelerschlaffung. Erhöhung der Pulsfrequenz (ebd.). Alle genannten Symptome der »Alraunen-Intoxikation« ähneln sehr stark dem homöopathischen Arzneimittelbild (vgl. MANDL 1985: 133).
Mandragora autumnalis enthält die gleichen Tropanalkaloide wie ***Mandragora officinarum***. Von ihrer Wirkung ist nur weniges bekannt: »Nach Verzehr von Gemüse, das mit Mandragora-autumnalis-Blättern verunreinigt war, entwickelten sich bei 15 Personen Vergiftungssymptome. Die Latenzzeit betrug 1 bis 4 Stunden, im Mittel 2,7 Stunden. Ein Zusammenhang der Latenzzeit und der Schwere des Intoxikation wurde nicht beobachtet. Bei allen Patienten traten Sehstörungen, Mundtrockenheit, Tachycardie, Mydriasis und Hautrötung auf. Bei 14 der 15 Patienten wurden trockene Haut und Schleimhäute, Halluzinationen und Überaktivität, bei 9 von 15 Patienten Agitiertheit/ Delirium,

Botanische Darstellung der Alraune (Kolorierter Kupferstich, 18./19. Jahrhundert.)

Verwirrtheit, Kopfschmerzen, Miktionsstörungen, bei 8 Patienten Schluckbeschwerden und Bauchschmerzen beobachtet. Ein Patient entwickelte eine kurzzeitige akute Psychose.« (MECHLER 1993: 765)

Die Herbstalraune ist seit dem Altertum als »die weibliche Alraune« bekannt. Sie ist das »weibliche« Gegenstück zu der »männlichen« ***Mandragora officinarum***. Es heißt:

»Eine Art [der Mandragora] ist weiblich, schwarz, Thridakias genannt, sie hat schmalere und kleinere Blätter mit häßlichem und scharfem Geruch, über die Erde ausgebreitet, daneben Äpfel wie Speierlingsbeeren [***Sorbus domestica*** L.], gelb, wohlriechend, darunter auch eine Frucht wie die Birne, die Wurzeln sind sehr groß, zwei oder drei, mit einander verwachsen, außen schwarz, innen weiß und mit einer dicken Rinde. Einen Stengel treibt sie nicht.« (DIOSKURIDES IV, 76)

PLINIUS (1. Jahrhundert) berichtet von ihren psychoaktiven und medizinischen Eigenschaften:

»Es ist nicht die Alraune aller Länder, die einen Saft produziert; wenn sie aber einen liefert, so wird er zur Zeit der Weinlese gesammelt. Sie hat dann einen starken Duft, den der Wurzel, aber am meisten den der Frucht. Die Frucht wird gesammelt, wenn sie reif ist; sie wird im Schatten getrocknet, und der Saft, wenn er extrahiert wurde, wird in der Sonne eingedickt. Dasselbe wird mit dem Saft der Wurzel gemacht, der entweder durch Zerdrücken oder durch Einkochen mit Rotwein auf ein Drittel gewonnen wird. Die Blätter werden am besten in einer starken

Lake [Salzwasser] aufbewahrt; ihr Saft ist ein unheilvolles Gift; diese schädliche Eigenschaft wird auch nicht durch die Lake gänzlich aufgehoben, wenn die Blätter darin aufbewahrt werden. Ihr spezifischer Geruch drückt auf den Kopf, aber es gibt Länder in denen die Früchte gegessen werden. Personen, die unkundig ihrer Eigenschaften sind, sind überzeugt davon, dass sie vom Duft dieser Pflanze stumm würden, und dass eine zu hohe Dosierung des Saftes tödlich wirke. Gibt man eine Dosierung, die der Kraft des Patienten angemessen ist, hat der Saft eine betäubende Wirkung; eine mittlere Dosierung ist ein Cyathus. Er wird auch bei Verwundungen durch Schlangen und bevor der Körper geschnitten oder punktiert wird gegeben um die Schmerzempfindlichkeit zu senken.« (PLINIUS XXV)

Erfahrungsberichte

Folgende Bemerkungen vorab sind von größter Wichtigkeit. Alle Rezepturen in diesem Buch sind entweder Rekonstruktion aus alten Quellen oder zitieren Angaben überlieferter Ingredienzien und Mengen. Wir veröffentlichen sie in diesem Rahmen nur, um einen Eindruck des Umgangs mit der Alraunenwurzel in verschiedenen Zeiten und Kulturen zu vermitteln. Keineswegs animieren sie zur leichtsinnigen Nachahmung! Für die Alraune, wie insgesamt für alle entheogen genutzten Nachtschattengewächse gilt: Die Wirkung variiert individuell enorm. Was manche als stimulierend und angenehm erleben, kann für andere sehr unangenehm sein. Deshalb ist der Umgang mit Nachtschattengewächsen in traditionellen Kulturen nur SpezialistInnen vorbehalten, die über detaillierte Kenntnisse verfügen und die minutiös richtige Dosierung kennen.

In Deutschland und in der Schweiz sind getrocknete Mandragora-Wurzelstücke (Radix mandragorae conc.) nur gegen Rezept erhältlich. Die folgende Information gilt nicht als Aufforderung zum Gebrauch, sondern als Warnung: Experimente mit unterschiedlichen Dosierungen dürfen nur an unterschiedlichen Tagen erfolgen! Eine nachträgliche Aufstockung bei zu geringer Dosierung kann fatale Folgen haben.

»Ich [Rätsch] habe mehrfach ein Glas mit Alraunenwurzel angesetztem Wein am Nachmittag getrunken. Nach zirka 15 bis 20 Minuten stellt sich die Wirkung ein. Sie ist mit einem leichten Euphoriegefühl verbunden. Es entstehen im Körper angenehme, zum Teil wollüstige Gefühle. Die visuelle Wahrnehmung wird nur sehr geringfügig verändert; leichte Weitsichtigkeit tritt auf. In den Nächten nach dem Genuss des Mandragorenweines habe ich immer eine erhöhte Traumtätigkeit – oft mit erotischen Inhalten – erlebt.« (Rätsch, Protokoll ohne Datum)

»Bei Genuss eines halben Liters Alraunenbier konnte ich folgendes beobachten: Die Alkoholwirkung bleibt aus. Es macht sich im Kopf ein leichter Druck bemerkbar, wie er auch bei Bilsenkraut oder Stechapfel auftritt. Es bringt mehr Spaß zu tanzen als am Computer zu sitzen. Es ist eine Lust im Rhythmus der Musik aufzugehen ... Selbstvergessenheit, genüssliche Körpergefühle ... angenehmes Kribbeln auf der Kopfhaut. Leicht trockene Lippen, deutliche Veränderungen des Gesichtsfeldes, so als ob sich die Perspektive etwas verschoben hat.« (Rätsch, Protokoll vom 28.12.1994)

»Ich habe auf Zypern alle reifen Alraunenfrüchte, die ich gefunden habe, gegessen, um die aphrodisische oder geistbewegende Wirkung zu erproben. Direkte psychoaktive Wirkungen konnte ich nicht bemerken. Aber in den Nächten hatte ich vermehrt Träume erotischen Inhalts.« (Rätsch, Protokoll ohne Datum)

Verglichen mit den Erfahrungsberichten von Christian Rätsch belegen die Erfahrungen von Claudia Müller-Ebeling die individuell unterschiedliche Wirkung der Alraune:

»Ich hatte zweimal Gelegenheit, die Wirkung der Alraunenwurzel auszuprobieren. Das eine Mal trank ich am Nachmittag ein Likörglas Alraunenwein (siehe Rezept mit Retsina auf Seite 77). Um die Veränderung der Wahrnehmung am besten testen zu können, ging ich dabei meiner gewohnten Tätigkeit am Computer nach. Im Verlauf von drei Stunden stellte sich keine physische oder wahrnehmungsspezifische Wirkung ein. So ging ich davon aus, dass die Menge wohl zu gering gewesen sei, entschloss mich zu einem weiteren höher dosierten Versuch am folgenden Tag und setzte mich vier Stunden nach Versuchsbeginn ins Auto, da ich in der Stadt einen Termin hatte. Auf der Fahrt irritierte mich, dass ich die Entfernungen zu Ampeln und Fahrzeugen um mich herum ungewohnt schlecht einschätzen konnte, und bewegte mich daher mit großer Vorsicht im Straßenverkehr. Als ich in der Zielgegend angekommen war und am Straßenrand parkend mit Hilfe der Innenbeleuchtung die kleine Straße im Stadtplan suchte, konnte ich – als Nicht-Brillenträgerin – meine Augen nicht fokussieren und war optisch im Gewirr von Linien und Buchstaben verloren. Daher blieb mir nichts anderes übrig, als einen Passanten um Orientierungshilfe zu bitten. Ich war froh, dass ich von dieser Exkursion heil zu Hause landete und musste realisieren, dass ich den Zeitraum der anflutenden Wirkung des Weines unterschätzt hatte und von den Auswirkungen der Alraune auf das optische Gesichtsfeld überrascht worden war.« MÜLLER-EBELING, Protokoll ohne Datum)

»Das zweite Mal trank ich gegen Mittag zu Beginn einer Veranstaltung in Barcelona einen halbgefüllten Becher mit Alraunenschnaps. Er ist dort in Spirituosengeschäften frei erhältlich. Die Veranstalter hatten eine Bowle mit einem Teil dieses Schnapses auf drei Teile Orangensaft angesetzt. Während der Vorträge geriet ich in einen seltsam hypnotischen Zustand und verspürte eine Trockenheit im Mund. Satzfetzen gelangten nur in auf- und abschwellenden akustischen Schwaden an mein Ohr und verloren sich dazwischen in meinen assoziativen Gedanken. Die relativ geringe und stark verdünnte Menge hinterließ eine deutliche Wirkung, die erst nach Stunden wieder abebbte. Wie ich von meinen Begleitern erfuhr, war mir äußerlich jedoch keine Verhaltensänderung anzumerken und auch eine motorische Unruhe, von der ich immer wieder im Zusammenhang mit der pharmakologischen Wirkung von Alraune gelesen hatte, konnte ich an mir nicht feststellen.« (MÜLLER-EBELING, Protokoll ohne Datum)

Botanische Darstellung der Alraune (Stich von Matthäus MERIAN, 18. Jahrhundert).

SCHULTES und HOFMANN (1987: 89) führen lediglich die »psychoaktiven Eigenschaften« auf. ROTH et al. (1994: 485) behaupten, die Wirkung sei ähnlich wie die der Tollkirsche, deren klinische »Vergiftungserscheinungen« sie wie folgt beschreiben:

»Psychomotorische Unruhe und allgemeine Erregung, nicht selten auch in erotischer Hinsicht, Rededrang, starke Euphorie (Heiterkeit, Lachlust), aber auch Weinkrämpfe, starker Bewegungsdrang, unter anderem Tanzlust, Intentionsstörungen, manirierte stereotype Bewegungen, choreatische Zustände, Ataxie, Ideenflucht, Umnebelungsgefühl, Irrereden, Schreien, Halluzinationen der verschiedensten Art; Zunahme des Erregungszustandes bis zu Anfällen von Tobsucht, Wut, Raserei, mit völliger Verkennung der Umgebung (wie bei manischen Psychosen), ferner Zuckungen oder allgemeine klonische (epileptiforme) Krämpfe.« (1994: 158)

Typische klinische Symptome sind Trockenheit im Mund und in anderen Schleimhäuten, Vergrößerung der Pupillen, Weitsichtigkeit, Muskelerschlaffung. Erhöhung der Pulsfrequenz (ebd.). Alle genannten Symptome der Alraunen-Intoxikation ähneln sehr stark dem homöopathischen Arzneimittelbild (vgl. MANDL 1985: 133).
Dosierungsangaben sind in der Literatur selten zu finden. Nach Hagers Handbuch beträgt die therapeutische Dosis 15 bis 30 Tropfen der Tinktur, ein in Alkohol konservierter wässriger Wurzelauszug (ROTH et al. 1994: 485). Über die psychoaktive Dosis liegen keinerlei Angaben vor. Es ist dringend erforderlich, die psychoaktive Wirkung der Alraune systematisch zu erforschen. Auch die Wirkung als Aphrodisiakum ist niemals anhand eigener Erfahrungen untersucht worden.

Traumbilder

»Dass einem wunderliche Dinge im Traume erscheinen ... Desgleichen thut auch Nacht-Schatten- oder Alraun-Kraut zu Nacht gessen, oder das Kraut ***Apollinaris*** [= Bilsenkraut], macht schöne und liebliche Dinge zu Nacht im Schlaf sehen. ***Alex. Pedemont. de Secret. Part.*** 2«
(KRÄUTERMANN 1725: 97)

In Marokko, wo die Herbstalraune häufig vorkommt, wird ein fingergroßes Wurzelstück der ***taraiba, taraila, bid l'gul*** oder ***bioe al ghorl*** genannten Herbstalraune mit einer Muskatnuss (***Myristica fragrans***) kombiniert eingenommen, um einen »guten Kopf« zu bekommen (VRIES 1984 und 1989: 39, 40, 44). In Marokko wird die ganze Alraunenwurzel noch heute zum Schatzsuchen gebraucht (VRIES 1989: 39).

Das wundertätige Wurzelkreuz (Höhe 18,5 Zentimeter) von Maria Straßengel, eine der bedeutendsten christlichen Kultstätten und Wallfahrtsorte in der Steiermark. Es wurde aus der Wurzel einer echten Alraune (***Mandragora officinarum***) gefertigt. Man fand es der Legende nach im Jahre 1245 in einem mächtigen Tannenbaum vor der Marienkapelle. Von dort wurde es in einer Prozession in die Kapelle gebracht, wo es fortan verehrt wurde (aus: BAUER 1993: 39).

Verblüffenderweise ähnelt das Alraunen-Wurzelkreuz der germanischen Rune, die den Weltenbaum symbolisiert.
Die Weltenbaumrune X (Elch-Rune) ist das Zeichen des Weltenbaumes, aber auch des kosmischen Menschen. Die Kräuterbüschen (Neunerlei) werden in manchen Gegenden noch heute in der Form der Elch-Rune X gesteckt beziehungsweise gebunden.

Alruna, die »Allwissende«

Der deutsche Name »Alraune« lässt eine altgermanische Verwendung der Pflanze vermuten: »Alraun kommt von Alrun und heißt ursprünglich ›der alle Runen kennt‹ oder der ›Allweise‹« (SCHMIDBAUER 1969: 281).

Ebenso wurden in der heidnischen Vergangenheit die germanischen Seherinnen als ***Alrunen, Seidkona, Wölwas*** bezeichnet. Noch im Mittelalter waren kräuterkundige Heilerinnen als ***alraundelberin*** (GRIMM 1878: 335) bekannt.[12] Germanische Seherinnen wie Albruna[13] und Weleda, waren schon im ausgehenden Altertum über Europas Grenzen hinaus für ihre wunderbaren Fähigkeiten berühmt. Weleda wirkte sogar in Ägypten. Sie fielen mit Hilfe pflanzlicher Zaubermittel und schamanistischer Techniken in eine prophetische Ekstase (DEROLEZ 1963: 240).

»so nutzend ettlich den allrawn,
und ettlich glaubent an die frawn
die haisset Precht mit der lange nas.«
HANS VINTLERS, Blume der Tugend (1411)
(zitiert in GRIMM 1878: 421)

In diesem Zusammenhang ist der etymologische Hintergrund der zauberkräftigen Alraune in zweifacher Hinsicht aufschlussreich. Er verweist

12 Weitere überlieferte Namen für diese altgermanischen Seherinnen sind: Alarûn, Alerûna, Alraunyn oder das Altnordische Ölrûn = »weise Frau«.
13 TACITUS spricht von »Alioruna«.

auf den althochdeutschen Begriff ***runi*** = »Geheimnis«, der im altertümlich anmutenden Verb »raunen« noch immer gegenwärtig ist und auf das althochdeutsche ***runen*** – »heimlich reden, flüstern« zurückgeht. Andererseits gehen alrun[a] und das mittelhochdeutsche alrune auf albrun[a] zurück. Dies lässt an die oben genannte Seherin denken und enthält das althochdeutsche Bestimmungswort ***alb*** = Kobold, Geist, Mahr, das im »Albtraum« anklingt. Da die Zauberkraft der Wurzel von einem Geist ausgeht, bezeichnete der botanische Begriff ursprünglich den in die Wurzel gebannten Geist, mit dem die prophetischen germanischen Seherinnen kommunizierten. Nach dem ***Handwörterbuch des Deutschen Aberglaubens*** könnte ***Alaruna*** »der Eigenname für einen weiblichen Kobold sein.«[14]

Darauf bezieht sich wohl auch der Dichter HANS SACHS (IV. 3,34) in seiner aus dem 15. Jahrhundert überlieferten Anrufung, worin er die Alraune »als eine am Scheideweg begegnende Göttin« schildert:

»Alraune – Du viel Gütige
mit traurigem Gemüt
Dich rufe ich an,
dass Du meinen leidigen Mann
dazu bringen mögest,
mir kein weiteres Leid anzutun.«[15]

---

14 »bedeutsam aber steht der altn. name Ölrûn Sæm. 133. 134 gerade einer weisen frau zu, und alrûna (Graff 2, 523), heutzutag alraun, ist aus der bedeutung eines weissagenden teuflischen geistes endlich in die der wurzel (mandragora), aus welcher man ihn scheidet, übergegangen.« (GRIMM 1875: 335)

15 »Alrawn du vil güet/ mit trawrigem müet/ rüef ich dich an;/ dastu meinen leidigen man/ bringst darzue,/ das er mir kein leid nimmer tue.« (GRIMM 1875: 1005f. fn)

Wotan – Entdecker der Runen

Wer denkt angesichts dieser alten Wortwurzeln und Begrifflichkeiten nicht an die altgermanische Runenschrift? Doch wer kennt sich noch mit der germanischen Mythologie aus, die sich um diese alten Stabschriftzeichen rankt? Damit das kollektive Gedächtnis nicht auf der Strecke bleibt, hier zur Auffrischung die folgenden wesentlichen Informationen:

Unsere germanischen Vorfahren verehrten Wotan beziehungsweise Odin (wie er südlich der Elbe und in Skandinavien genannt wird) als ihren höchsten Gott der Weisheit, Dichtkunst, wie auch des Krieges, der Ekstase und des Zaubers. Um Einsicht in den Weltenlauf zu erlangen, verwundete sich Wotan/ Odin mit dem eigenen Speer und erhängte sich am Weltenbaum Yggdrasil, der Weltenesche.[16] Aus ihren am Boden liegenden Ästen entzifferte der Gott die »geheinmisvolle Kunde« und schenkte den germanischen Volksstämmen mit der durch sein Selbstopfer gewonnenen in ekstatischen Sicht den mythischen Ursprung der Runenschrift.[17]

Dem aus diesem Mythos abgeleiteten Brauch, die 24 Runenzeichen aus Buchenzweigen zu bilden oder die aus senkrechten Hauptstrichen (den so genannten Stäben) abgeleiteten Zeichen in Buchenholz einzuritzen, verdanken wir unsere Worte »Buchstabe« und »Buch«. Somit »hängen« die Geheimnisse unserer Schrift – im »buchstäblichen« Sinne – auf vieldeutige Weise von der sagen- und mythenumwobenen Alraune ab.

---

16 Der Missbrauch der germanischen Mythologie durch die Nazis verstellt uns bis heute den Blick auf unsere eigenen Überlieferungen. Der Komponist Friedrich Wagner, dessen vierteiliger Opern-Epos ***Der Ring der Nibelungen*** den Operhäusern der Welt nach wie vor volle Häuser beschert, konnte mit diesem mythischen Erbe noch unbefangener umgehen. Er lässt den Göttervater der Germanen im letzten Teil der Götterdämmerung (2. Akt, 5. Szene) anrufen als: »Allrauner, rächender Gott!/ Wotan! Wende dich her!«

17 Über ihre Herkunft sind sich die Gelehrten bislang nicht einig. Ihr Entstehen wird in die Zeit um 100 vor Christus bis 100 nach Christus datiert und dem geografischen Raum zwischen Oberrhein, Donau und der Ostsee zugeordnet. Die ältesten bekannten Runendenkmäler – vornehmlich aus Dänemark und Norwegen – gehören der zweiten Hälfte des 2. Jahrhunderts nach Christus an.

Runen und Alraunen

Runen sind die germanischen Schriftzeichen, die in vielen Inschriften und magischen Formeln überliefert sind. Die Zeichen lassen sich wahrscheinlich auf ein nordetruskisches Alphabet[18] zurückführen, stammen also aus Oberitalien, einem Land, in dem die seltene Pflanze Alraune (***Mandragora officinarum***) vorkommt. Schon in vorchristlicher Zeit bestand ein reger Handel und kultureller Austausch zwischen Germanien und Italien (z.B. auch die Bernsteinstraße). Nach Auffassung einiger Gelehrten haben die Germanen daher nicht nur ihr Runenalphabet, sondern möglicherweise auch die begehrte Alraunenwurzel aus Etrurien importiert.[19]

Die Runen hat der nordischen Mythologie nach Odin gefunden, während er am Baum hing, d.h. sie entspringen einem ekstatischen und visionären Zustand. In der Volksmythologie entsteht die Alraune, wenn ein Gehenkter seinen letzten Abgang auf die Erde verspritzt und sie so befruchtet. Dort wächst die zauberkräftige Alraune (das Galgenmännlein!). Vielleicht bestand bei den Germanen eine Identifikation von den beiden durch Erhängen gezeugten Zaubermittel: den Runen und Alraunen.[20]

Schon in antiken Quellen (z.B. TACITUS, ***Germania***) werden die seherischen Fähigkeiten der germanischen Frauen, besonders der Albruna, Veleda und Waluburg, gerühmt. Es ist nicht eindeutig auszumachen, ob es sich bei diesen Namen um Eigennamen individueller Personen oder um Titel als Seherinnen tätiger Frauen handelt. Waluburg leitet sich von ***walus***, »Wander- und Zauberstab« ab; Veleda heißt »Wohlwollen, Gnade, weise Frau«; Albruna bedeutet »das Weib, dessen göttliche Seherkraft und Zaubermacht der Elbe gleichkommt«[21], oder »die mit dem Geheimwissen der Alben versehene«. Vielleicht haben die Seherinnen,

---

18 so HASENFRATZ; vgl. auch Wolfgang KRAUSE 1970: 34 ff. und R. I. PAGE 1989
19 vgl. Adolf Taylor STARCK 1986 (Reprint von 1917)
20 vgl. Christian RÄTSCH 1987: XI
21 Alfons ROSENBERG 1988: 51

die ihre Runen, ihre »Geheimnisse« raunten, die Alraunenwurzel zur Induktion einer prophetischen Trance benutzt.

Hagall – Allrune: moderne Zauberrune aus dem Okkultismus (nach Klingsor 1976). »Bei der Alraunwurzel sieht man die Hagall-Rune durchschimmern, d.h. die Magie des Hexagramms steht ursprünglich dahinter; denn Hagall bedeutet All-Rune oder: Ich hege das All! Es ist das gleiche Wortfeld, dem Hagall und All-Rune entspringen. Die Imagination, die sich um die All-Rune rankt, griff auch auf Wachsfiguren über, die zu ähnlichem Zwecke hergestellt wurden. Schutzmännchen und Wurzelfiguren wurden geschaffen.« (Aus: Klingsor 1976: 250f.)

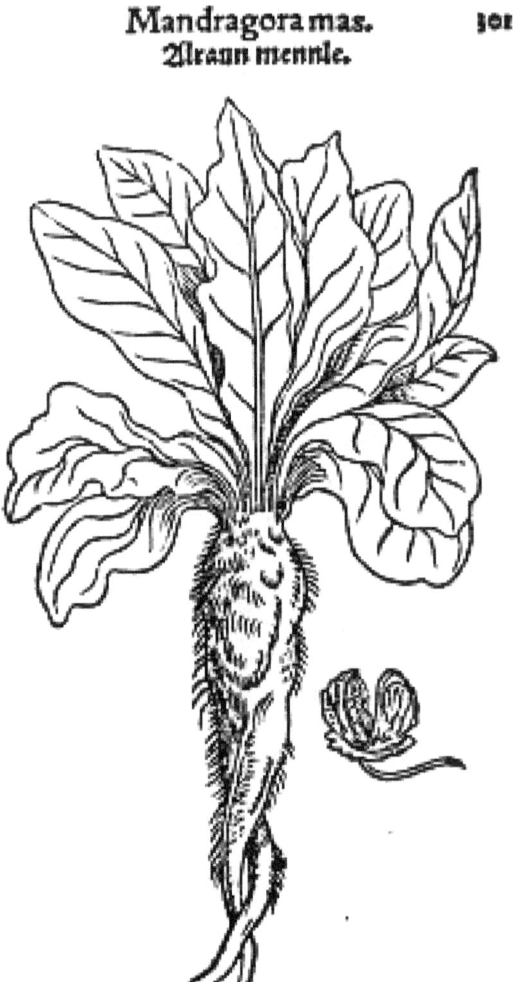

Holzschnitt aus dem Kräuterbilderbuch des LEONARD FUCHS (1545).

Die Alraune in der Antike

Die Alraune hatte in der Antike eine enorme Bedeutung als Ritualpflanze, Rausch- und Heilmittel und wurde von den Ärzten als Lokalanästhetikum eingesetzt (siehe »Die Alraune als Medizin im antiken Griechenland«, Seite 68ff.).

Das in der griechischen Literatur gebräuchliche Wort ***Mandrágora*** ist nicht griechisch, sondern geht vielleicht auf eine pelasgische Sprache zurück, auf das altpersische ***mardum-gia***, »Menschenkraut« (RAHNER 1957: 198) oder das assyrische ***namtargira*** (THOMPSON 1949: 217). Alles deutet daraufhin, dass das kulturelle Wissen und die Verwendung der Alraune aus dem Orient und aus Ägypten nach Griechenland gelangte (vgl. GOLTZ 1974).[22]

Die Alraune wurde im antiken Hellas zum Symbol der Pharmakologie und Arzneikunde. Eine Illustration in einem griechischen Manuskript aus dem 6. Jahrhundert nach Christus macht die zentrale Bedeutung der Wurzel deutlich. Heuresis, die griechische Göttin der Erfindung, Inspiration und Wissenschaft, händigt die anthropomorphe Wurzel Dioskurides aus. Dieser im 1. Jahrhundert nach Christus wirkende Arzt gilt als »Vater der Medizin« und verfasste eine Arzneimittellehre in fünf Büchern, die noch im Mittelalter nachwirkte.

---

[22] Daraufhin deutet auch folgende Mythe: »Die Sage berichtet, dass der Titanensohn Prometheus den Menschen gegen den Willen der Götter das Feuer auf die Erde geholt hat. Zur Strafe wurde er im Kaukasus an seinen Felsen geschmiedet. Das reichte dem Zeus als Strafe jedoch nicht aus. Er schickte auch noch einen Adler, der dem Prometheus die Leber aus dem Leibe hacken mußte; diese wuchs ständig nach, damit die Tortur täglich wiederholt werden konnte. Der dabei zur Erde fallende Lebersaft brachte die Mandragora hervor, die bei den Griechen auch Prometheuskraut hieß.« (HAERKÖTTER & HAERKÖTTER 1986: 45f.) – Leider geben die Autoren keine antike Quelle an. Ich konnte keinen Beleg in der griechischen Literatur finden.

Alraune als Pseudonym für den heiligen Pilz

John M. Allegro (1923-1988), der durch sein Buch ***Der Geheimkult des heiligen Pilzes: Rauschgift als Ursprung unserer Religion*** (1971) berühmt gewordene Altphilologe, vertrat in seinem folgenden daran anknüpfenden Werk ***Lost Gods*** (1977) die These, dass die im antiken Schrifttum erwähnten »Alraunen« nicht das Nachtschattengewächs bezeichneten, sondern ein Deckname für den »Heiligen Pilz«, den hypothetischen »Jesus-Pilz« oder den als »Christus« personifizierten Fliegenpilz (***Amanita muscaria***) gewesen sei (ALLEGRO 1977: 89ff.).

Die Menschenwurzel der Parsen

Jede Pflanze bezieht aus der Wurzel ihre Kraft. Blätter, Früchte und Blüten können geerntet werden, ohne der jeweiligen Pflanze ihre Lebenskraft zu nehmen. Wurzeln jedoch sind unersetzbar und entscheiden über das Gedeihen und Verderben jeder einzelnen Pflanze. Wegen ihrer nicht regenerierbaren Einmaligkeit wurden heilkräftige Wurzeln von Heilkundigen und Patienten daher schon immer besonders geschätzt. Aus diesem Grunde liegt der Beginn der pharmakologischen Heilkunde bei den Wurzelgräbern, die später von den Griechen ***Rhizotomen*** genannt wurden.
Schon früh wurde in der Alraunenwurzel ein menschengestaltiges Geistwesen gesehen. PYTHAGORAS (6. Jahrhundert vor Christus) oder die Pythagoräer nannten die Pflanze deshalb ***Anthropomorphon***, die »Menschengestaltige«. Daher stammt das Adjektiv ***anthropomorph***, »in menschlicher Gestalt«.

Im Altpersischen hießen Pflanzen mit anthropomorphen Wurzeln ***merdomgia***, »menschenartige Wurzel«. Es hat sich eingebürgert, darin auch einen Namen der Alraune zu erkennen. Möglicherweise war das

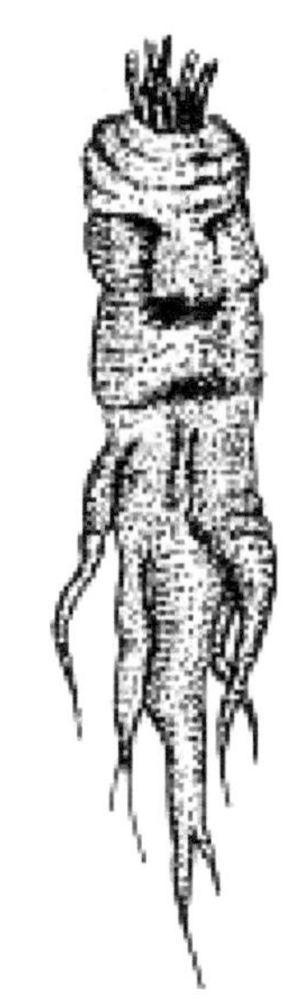

Die Menschenwurzel (Nach: HYSLOP und RATCLIFFE 1989: 20)

Wort aber ein Sammelbegriff für viele Pflanzen. Es werden noch weitere Namen für die »Menschen-Wurzel« angegeben, die auf die Identität mit der Alraune verweisen: ***segken,*** »vom Hund gegraben«, ***istereng*** (= ***asterenk***), »leuchtend« (?) und ***ebrewi ssanam***, »das Gesicht eines Idols« (TERCINET 1950; THOMPSON 1968: 20). In einer frühmittelalterlichen persischen Handschrift, die vermutlich auf sehr viel ältere Vorlagen zurückgeht, wird die Mandragora neben Opium, ***Datura metel*** und Hanf (***Cannabis indica***) als einschläferndes Mittel angeführt (BERENDES 1891: 43).

Die Parsen kannten desgleichen eine ***haoma*** genannte heilige Pflanze mit berauschenden oder entheogenen Qualitäten, die in der altpersischen Schrift ***Awesta*** oft genannt wird (siehe dazu ***Mandragora turcomanica***).

Die Alraune im alten Orient

»Der eigentliche Mandragoras ist der ›Baum der Erkenntnis‹,
und die aus seinem Genuß aufbrennende Liebe
ist der Ursprung des menschlichen Geschlechts.«
Hugo RAHNER (1957: 221)

Im heutigen Israel gehören Alraunen zu den häufigen Pflanzen. Seit biblischer Zeit gelten die Wurzeln als Aphrodisiaka und Fruchtbarkeitsamulette.
Die vermutlich frühesten schriftlichen Erwähnungen der Alraune finden sich in den Keilschrifttafeln der Assyrer und im Alten Testament. Sie beziehen sich hauptsächlich auf das Gebiet von Babylon.

Im Assyrischen hieß die Alraune ***Nam-Tar-Gir(a)*** [isnam-tar-*gir12][23]. Dabei war ***Nam Tar*** der »Gott der Plagen«; ***(g)ira*** bedeutet »männlich«. Die alten Assyrer benutzten die Alraune als Schmerz- und Betäubungsmittel. Unter anderem wurde der pulverisierte Wurzelauszug in Bier bei Zahnschmerzen, Geburtskomplikationen, Hämorrhoiden und Magenbeschwerden verwendet. Im Sinne des Exorzismus sollte die geräucherte Wurzel »Gift aus dem Fleisch« treiben (THOMPSON 1949: 218f). In einem ugaritischen Keilschrifttext aus Ras Schamra (15./14. Jahrhundert vor Christus) scheint der Text »Pflanze Mandragoras in die Erde ...« (SCHMIDBAUER 1968: 276) auf ein entsprechendes Ritual hinzudeuten. In den mesopotamischen Keilschriften wird öfter ein »Rindsauge« genannter Wein angeführt. Es soll ein Mischwein mit Alraunen gewesen sein. »Die Wirkung des Alrauns auf die Pupille wäre demnach der Anlaß für die merkwürdige Bezeichnung ›Rindsauge‹ gewesen« (HIRSCHFELD und LINSERT 1930: 162). Archäologische Überreste von Alraunen sind meines Wissens im Orient nicht entdeckt worden (vgl. JACOB 1993: 39).

Die wichtigste Quelle zur orientalischen Verwendung der Alraune ist jedoch das Alte Testament. Darin werden die Liebesäpfel unter dem althebräischen Namen ***dûdâ'îm*** mehrfach genannt, und zwar als Aphrodisiaka (die Identifizierung mit der Mandragora wird nicht von allen Bibelinterpreten anerkannt)[24].

»Der einzige Beleg, der ***dudaim*** mit ***Mandragora*** gleichsetzt ist die aramäische Übersetzung des 1. Buches Mose und die Wiedergabe in der Mischna mit ***yavruhim***, das die Araber einiger Mittelmeerländer für Mandragora verwenden« (ZOHARY 1986: 188).

---

23 Nach THOMPSON (1949: 217) ist das assyrische ***namtargira*** phonetisch dem griechischen mandragora auffallend ähnlich.

24 Die biblische ***dûdâ'îm*** wurde schon als ***Cucumis dudaim*** LINNE, als ***Citrus medica*** LINNE, sogar als ***Champignon Agaricus campestris*** LINNE oder als Jasmin gedeutet (MOLDENKE & MOLDENKE 1986: 137, 138). Andere hielten ***dûdâ'îm*** für »Blumentöpfe«, Kirschen, Lotusbaumfrüchte (Zizyphus), Brombeeren, Bananen (***Musa paradisiaca***), Melonen (***Cucumis aegypticus reticulatus***) (FRIEDREICH 1966: 159f). »Am meisten geriet dabei Luther auf Abwege, dem mit der Übersetzung Lilien, der Symbolpflanze der Keuschheit, die größte Verdrängungsleistung gelang« (MÜLLER-EBELING ohne Datum: 97).

In der ***Septuaginta***, der ersten griechischen Übersetzung der ***Torah***, wird das hebräische Wort ***dûdâ'îm*** mit ***meela mandragoron***, »Äpfel der Alraune« wiedergegeben (FLEISHER und FLEISHER 1994: 245, RAHNER 1957: 200). In der Spätantike war es üblich, ***dûdâ'îm*** mit Mandragora zu identifizieren. Heute ist die Identifizierung von ***dûdâ'îm*** mit der Alraune allgemein akzeptiert.[25] Es gibt verschiedene Etymologien für ***dûdâ'îm***. Das Wort soll sich von der Wurzel ***Dod*** oder ***David*** ableiten und »Leidenschaft« oder »körperliche Liebe« bedeuten. Möglich ist auch die Kontraktion von ***dod*** als »Liebe« und ***ayim*** als »Furcht«. Es wurde auch die Ableitung aus ***du***, »Zwei« und ***daim***, »in der Luft fliegen« vorgeschlagen (FLEISHER und FLEISHER 1994: 246). Nach Rabbi Jacob ben Asher (1269-1343) ist der Name ***dûdâ'îm*** aus der Zahlenmagie zu verstehen. Der numerische Wert des Wortes ist mit dem hebräischen Wort ***ke'adam***, »wie ein Mensch« identisch und deutet auf die anthropomorphe Gestalt (ROSNER 1993: 8). Somit könnte die Alraune ein kabbalistisches Geheimmittel gewesen sein.

Duftende Liebesäpfel

Im Heiligen Land war die Alraune, die in der Bibel ***dûdâ'îm*** heißt, vor allem als Aphrodisiakum und fruchtbarkeitsförderndes Mittel bekannt (FRAZER 1917; ROSNER 1980). Dabei wurde die aphrodisische Qualität in erster Linie dem Duft der reifen goldgelben Früchte zugeschrieben (FLEISHER und FLEISHER 1994). Die überlieferten Quellen beziehen sich nicht nur auf die betörende Wirkung ihres Duftes, sondern ebenso auf magische Liebesrituale, die sich im Laufe der Zeit auch außerhalb des mythischen Morgenlandes großer Popularität erfreuten.

[25] FLEISHER und FLEISHER 1994; FRIEDREICH 1966; MOLDENKE und MOLDENKE 1986: 137; MÜLLER-EBELING 1987; WAAL 1988:17; WALKER 1964: 124

Doch zurück zm Kernland der Bibel. In der ***Genesis*** (30: 14-16) heißt es von der aphrodisischen Qualität der »Liebesäpfel«:

»Ruben [= Reuben] ging aus zur Zeit der Weizenernte [Mai] und fand Liebesäpfel [***dûdâ'îm***] auf dem Felde[26] und brachte sie heim zu seiner Mutter Lea. Da sprach Rahel zu [ihrer Schwester] Lea: Gib mir von den Liebesäpfeln deines Sohnes. Sie antwortete: Hast du nicht genug, dass du mir meinen Mann genommen hast, und willst auch die Liebesäpfel meines Sohnes nehmen? Rahel sprach: Wohlan, laß ihn diese Nacht bei dir schlafen für die Liebesäpfel deines Sohnes. Als nun Jakob am Abend vom Felde kam, ging Lea hinaus ihm entgegen und sprach: Zu mir sollst du kommen, denn ich habe dich erkauft mit den Liebesäpfeln meines Sohnes. Und er schlief die Nacht bei ihr. Und Gott erhörte Lea, und sie ward schwanger und gebar Jakob ihren fünften Sohn.« (***Genesis*** 30: 14-16)[27]

Möglicherweise spielt diese Bibelstelle auch auf ein magisches Ritual an. An anderer Stelle heißt es:

»Mein Bruder Reuben brachte Alraunen vom Felde ... und da waren duftende Äpfel, die über den Wasserbetten in dem Lande Aram[28] wuchsen.« (***Testament der zwölf Patriarchen*** 1:3, 5, 7)

In diesem Zusammenhang beziehen sich die »duftenden Äpfel« wohl eher auf Apfelbäume, da die Alraunen nur auf nicht bewässertem Land gedeihen. Die aphrodisierende Qualität des Duftes der magischen Frucht scheint dem viel zitierten Text des erotischen Hoheliedes zugrunde zu liegen:

---

26 FLEISHER und FLEISHER (1992, 1994) haben sich an diese Anweisung zum Sammeln der Alraunenfrüchte gehalten und sind damit sehr erfolgreich geworden!

27 FLAVIUS JOSEPHUS paraphrasiert diese biblische Stelle und schreibt nicht das hebräische Wort ***dûdâ'îm*** (Hebräisch war seine Muttersprache!), sondern das griechische Mandragorai (Ant. I, 307; vgl. KOTTEK 1994: 132).

28 Das Land Aram spielt höchstwahrscheinlich auf das Stammesgebiet von Aram an. Auf ihn, den fünften Sohn Sems, geht die Gruppe semitischer Nomadenstämme zurück, die aus den Wüstengebieten westlich des Euphrats nach Syrien und Mesopotamien vordrangen und das aramäische Reich gründeten. Sem ist der älteste der drei Söhne Noahs und gilt als der Stammvater der Hebräer, Assyrer, Aramäer und Araber. Daher sind nach ihm die Semiten benannt, die nicht allein – wie heute im Sprachgebrauch unreflektiert üblich – nur das jüdische Volk, sondern auch arabisch-moslemische Völker bezeichnen!

»... ich werde Liebe machen mit dir,
Die Alraunen verströmen ihren Duft ...«
(***Hohelied*** 7:13, 14)

Dass die Alraunenfrüchte den Geschlechtstrieb reizen war offensichtlich allgemein bekannt und wurde sogar in der Tierwelt beobachtet beziehungsweise in christlicher Deutung auf ihr Verhalten übertragen.

Im ***Physiologus***, einem naturkundlichen, griechisch geschriebenen Buch aus dem 2. Jahrhundert nach Christus, heißt es:
»Es gibt ein Tier, das heißt Elefant. In diesem Tier wohnt kein Geschlechtstrieb. Wenn es nun Kinder zeugen will, zieht es sich nach Osten zurück, in die Nähe des Paradieses. Dort wächst der sogenannte Mandragora-Baum. Dorthin gehen das Weibchen und das Männchen. Das Weibchen nimmt zuerst die Frucht von dem Baum, bietet sie auch seinem Gatten an und spielt mit ihm, bis auch er nimmt, und wenn er gegessen hat, vereinigt er sich mit dem Weibchen von hinten, deswegen weil sie keine Harmonie miteinander haben. Nur einmal hat er Verkehr, und sogleich wird sie trächtig. [...]
Deutung: Auf die Person Adams und Evas wird der Elefant und seine Frau gedeutet. Als sie noch vor ihrem Sündenfall im Genuß des Paradieses waren, kannten sie damals keine Geschlechtlichkeit und wußten noch nicht einmal etwas vom Verkehr. Aber als die Frau von dem Baume aß, das ist von den geistlichen Mandragora-Früchten, und auch ihrem Manne gab, da erkannte Adam sein Weib, und sie gebar den Kain auf den verruchten Wassern ...« (***Physiologus*** 43)[29]

[29] Noch im frühen Mittelalter wurde in den Tierbüchern oft die Geschichte erzählt, dass die Elefantenmännchen vor der Begattung Alraunenblätter, die in der Nähe des Garten Edens wuchsen, als Aphrodisiakum verspeisst haben (Hansen 1981: 32).

Rumänischer Alraunenkult

In Rumänien hat sich ein erotischer Alraunenkult bis in dieses Jahrhundert hinein erhalten (ELIADE 1942). Die Alraune gilt als »Kraut des Lebens und des Todes« und wird als Aphrodisiakum und magisches Liebesmittel angesehen.

Die Pflanze muss an einem Vollmond zwischen Ostern und Himmelfahrt geerntet werden. Das Sammeln geschieht nach rituellen Vorschriften:
»Die Pflanze sollte ohne Wissen der anderen gesammelt werden; [...] Frauen und Mädchen tanzen nackt um die Alraune, manchmal begnügen sie sich damit, das Haar zu lösen. [...] Die Paare streicheln und umarmen sich. Um die Blätter der Alraune zu sammeln, legen sich die Mädchen in der Art des Sexualaktes aufeinander. [...]
Vier junge Mädchen pflücken die Alraune und sprechen Zauberformeln über sie; sie vergraben sie in der Mitte der Straße, wo sie dann ganz nackt tanzen. Während des Tanzes bleiben vier junge Männer in ihrer Nähe, um sie zu bewachen; sie wiederholen dabei:

›Alraune, gute Mutter
verheirate mich in diesem Monat,
wenn nicht in diesem, dann aber im nächsten,
aber mach, dass ich nicht länger Mädchen bleibe.‹«

In das Loch werden Opfergaben (Salz, Brot, Zucker, Wein, Alkohol, Eier usw.) gelegt. Die Wurzel wird nach Hause getragen, sorgfältig gewaschen und als Talisman aufbewahrt (ELIADE 1982: 223, 219).

Noch heute gelten die duftenden Alraunenfrüchte im Nahen Osten als Aphrodisiaka (FLEISHER und FLEISHER 1994; MOLDENKE und MOLDENKE 1986: 137ff.) und Liebeszauber (ROSNER 1993: 7).
»Die Frucht wird wegen ihrer zur Wollust reizenden Kraft von den Arabern ***Tuphach elscheitan***, d. i. Satansapfel genannt; Mauriti, welcher

die Mandragora selbst in Arabien verkostete, sagt, die dortigen Einwohner seyen sehr begierig auf diese Frucht, weil sie nach dem Essen derselben eine Heiterkeit und Lebhaftigfkeit empfänden und glaubten, dass sie zum Kinderzeugen förderlich wäre; ein samaritanischer Mönch zu Naplusa, welchen Maundrell darüber befragte, sagte, diese Frucht habe schon die Kraft, die Empfängniss zu befördern, wenn man sie nur unter das eheliche Lager lege, und die Weiber bedienten sich derselben noch jetzt in der Absicht, Kinder dadurch zu erhalten.« (FRIEDREICH 1966: 162)

Der Begriff »Liebesäpfel« bezieht sich nicht nur auf die aphrodisisch duftenden Früchte der Alraune, sondern auch auf andere Früchte – vornehmlich auf Äpfel und Tomaten (RÄTSCH und MÜLLER-EBELING 2003: 84f., 681f.) sowie auf entsprechende Nachbildungen aus verziertem, kugeligförmigen Zuckerwerk und funkelndes Glas, wie auch auf verzierte Eier, die zu Jahresfesten als Fruchtbarkeitssymbole von Bedeutung sind. Selbst die mit rot gefärbtem Zucker glasierten Äpfel auf dem Jahrmarkt werden nach wie vor als »Liebesäpfel« bezeichnet.

Die Zauberwurzel

»Die zauberkräftigste wurzel ist die ***alrune***.«
(GRIMM 1875: 352)

»An den babylonischen Dedaimsbäumen
hängen Menschenköpfe wie Früchte;
Alraunen singen,
die Wurzel Baaras gleitet im Gras.«
Die Versuchung des heiligen Antonius
(GUSTAVE FLAUBERT 1979: 188)

Es soll einige verlorene Bücher des König Salomon gegeben haben, die wegen ihres magischen Inhaltes von König Hezekiah vernichtet wurden.

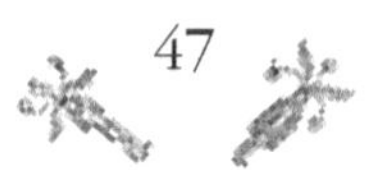

Die Entstehung des Menschengeschlechts

Es ist kaum verwunderlich, dass eine »Menschen-Wurzel« mythologisiert und mit der Entstehung des Menschen assoziiert wurde. So sagte der Bibel-Kommentator RABBI LEVI, dass die zwei großen Stämme Israels, die Issachar und die Zebulun, aus der Alraune hervorgegangen seien (***Bereshith Rabbah*** 72:4).
In einer frühchristlichen Geschichte heißt es, dass »die Alraune ursprünglich eine Vorstudie für den späteren Menschen gewesen sei, die jedoch von Gott wieder verworfen wurde, nachdem er Adam aus dem roten Erdreich des Paradieses[33] geschaffen hatte.« (HANSEN 1981: 31f)

Eine andere nachbiblische Legende schreibt die Schöpfung der Alraune dem biblischen Urvater Adam zu:
»Als Adam lange Zeit von seiner Frau Eva getrennt war, spielte ihm die lange Enthaltsamkeit einen Streich. Er phantasierte ihre Anwesenheit so inbrünstig, dass aus seinem Samen, der durch die Liebesumarmung emporquoll und auf den Boden spritzte, eine Pflanze entstand, die menschliche Gestalt annahm, der ***Caiumarath***, die Mandragora.« (MÜLLER-EBELING o.D.: 97; STARCK 1986: 21)

Die in Syrien lebenden Drusen, Angehörige einer aus dem schiitischen Islam hervorgegangenen Sekte, überlieferten eine Variante dieser Mythe:
»Die syrischen Drusen aber bewahrten in ihrem geheimen Katechismus noch eine ganz andere Geschichte, die sogar die Schöpfung des Menschen auf die Mandragora zurückführt. Es wird darin erzählt, wie die ›Söhne Gottes‹ zur Erde niederstiegen und sieben Mandragoren beseelten, um so aus ihnen die ersten Menschen zu erschaffen.« (KREUTER 1982: 22)

33 HILDEGARD VON BINGEN kommentierte dazu: »Die Alraune ist warm und etwas wässerig und ist von jener Erde verbreitet worden, aus der Adam geschaffen wurde; sie ähnelt etwas dem Menschen.« (***Physica*** 1-56).

Die Alraune im pharaonischen Ägypten

»Es sprach die Majestät dieses Gottes (*Ra*^{c}):
Man eile nach Elephantine,
man hole mir Alraune in Menge!
Man brachte ihm solche Alraune«
(*Altägyptische Inschrift* nach BRUGSCH 1918: 31)

Die Alraune wurde vermutlich zur Zeit der 18. Dynastie (Neues Reich; 1551-1305 vor Christus) aus Palästina nach Ägypten gebracht und dort als Gartenpflanze gezogen (GERMER 1985: 170; MANNICHE 1989: 117), wo sie mythische Bedeutung erlangte (GERMER 1979: 7). Gärten waren der Liebesgöttin Hathor heilig; darum wurden dort auch Alraunen gezogen (HUGONOT 1992). Der Name der ägyptischen Himmelsgöttin Hathor bezeichnet sowohl das kosmische Himmelsgewölbe, das die Schöpfung überdacht, als auch den Mutterschoß. Im alten Ägypten wurde sie als nährende Kuh dargestellt, die zwischen ihren Hörnern das im Jahreslauf steigende Sonnenkind zum Himmel trägt. Da Hathor den Toten Speis und Trank gewährte und von den Griechen mit der Liebesgöttin Aphrodite gleichgesetzt wurde, kann – abgeleitet von der pharmakologischen Wirkung der »Liebesäpfel« als Aphrodisiakum und unter Umständen auch todbringendes Narkotikum – die Sonnenscheibe zwischen ihrem Gehörn als kosmisches Abbild der gelben Mandragorenfrucht gedeutet werden.

Die gelben Früchte (Liebesäpfel) treten häufig in der pharaonischen Kunst auf (SCANZIANI 1972: 50f.). Im Grab des Tutenchamun wurde ein Halskragen geborgen, der als schmückendes Element konservierte halbierte Mandragorenfrüchte enthielt (GERMER 1985: 171). In den Liebesliedern des Neuen Reiches werden die Früchte (*rrm.t*) oft im Zusammenhang mit Lotusblüten (*Nymphaea caerulea*) erwähnt (EMBODEN 1989)[34].

---

[34] EMBODEN (1989) stellt die Hypothese auf, dass im dynastischen Ägypten sowohl die *Nymphaea caerulea* als auch die Alraune für schamanische Erfahrungen oder Praktiken benutzt wurde.

»Feiere einen schönen Tag! (...)
Gib Balsam und Wohlgeruch zusammen an deine Nase,
Kränze von Lotus [= Seerosenblüten]
und Liebesäpfeln [= Alraunenfrüchte] auf deine Brust,
während deine Frau, die in deinem Herzen ist, bei dir sitzt.«
(zitiert nach SCHOSKE 1990: 36)

Die Alraune und ihre Früchte waren Symbole der Liebe und galten als Aphrodisiaka (MANNICHE 1988: 58). Sie waren der rauschhaften Liebesgöttin Hathor heilig und wurden zermahlen mit Bier vermischt getrunken (BRUGSCH 1918). Während die Früchte mit der Liebesgöttin assoziiert waren, standen die Wurzeln mit dem Sonnengott Ra im Zusammenhang. Ra soll den Ägyptern die Pflanze gebracht haben. Sie wurde als »Phallus der Felder« betrachtet (KREUTER 1982: 19). Es soll ein ganzes »Buch der Aphrodisiaka« gegeben haben, das solche Mittel wie Lattich (***Lactuca sativa***) und Alraune erwähnt (WESTENDORF 1992: 208).

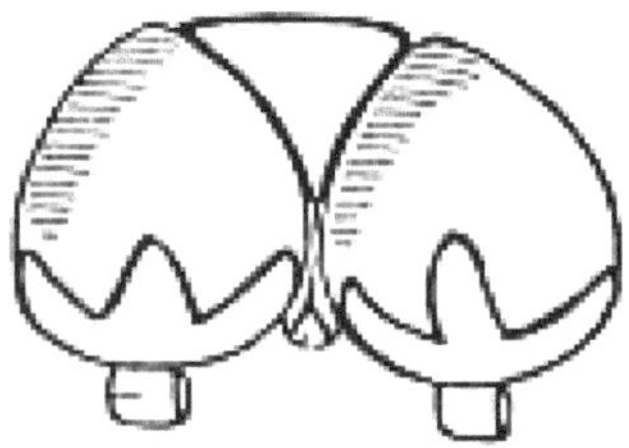

Ägyptische Fayance-Anhänger (Neues Reich) in der Form der Alraunenfrüchte (Nach GERMER 1985: 171).

Vermutlich wurde die Alraune schon früh als Schlafmittel verwendet (VALETTE 1990: 468)[35]. Zwei derartige Rezepte sind in dem Leidener Zauberpapyrus aus der Spätantike überliefert (GRIFFITH und THOMPSON 1974).

Alraunenpflanze in ägyptischer Darstellung aus dem Neuen Reich (Nach GERMER 1985: 170).

»Ein anderes [Mittel] wenn du einen Mann für zwei Tage schlafen lassen willst: Alraunenwurzel[36], eine Unze; Süßholz [?], eine

[35] Immerhin wünscht sich Kleopatra bei Shakespear einen Alraunentrunk als Schlafmittel. Ob Shakespear hier aus einer verschollenen antiken Quelle geschöpft hat, lässt sich nicht klären.

[36] In dem demotischen Papyrus steht ein griechisches Lehnwort: ***mandrakoros riza.***

Das in Hieroglyphen geschriebene Wort *d;d* für »Alraune« wird von Brugsch als etymologisch verwandt mit dem hebräischenn ***duda im*** gedeutet.

Brugsch liest diese Zeile als »zermahlene Alraunen von Elephantine«.

Unze; Bilsenkraut [***Hyoscyamus*** sp.], eine Unze; Efeu [***Hedera helix***], eine Unze; du zerstößt sie zusammen ... Wenn du es geschickt anstellen möchtest, gibst du zu jedem Teil die vierfache Menge Wein, du benetzt alles am Morgen bis zum Abend, du schüttest es ab, du läßt es trinken.« (COL. XXIV 6-14)

»Ein Medikament um einen Mann zum Schlafen zu bringen, sehr gut: Kerne [?] vom Apfel, ein [?], eine Drachme; Alraunenwurzel[37], vier Drachmen; Efeu, vier Drachmen; zerstoße es zusammen; du fügst 15 ***uteh*** Wein hinzu; du gibst es in ein Glas ***glyt***, und bewahrst es auf. Wenn du es geben möchstest, nimmst du etwas und gibst es in einen Becher Wein; so gibst du es dem Mann.« (COL. XXIV 17-22)

Die Alraune wurde sicherlich seit dem Beginn des Neuen Reiches medizinisch verwendet. Die Identifizierung der Alraune im ***Papyrus Ebers*** (um 1600 vor Christus) ist umstritten (Heide 1921). Sollte diese Identifizierung richtig sein, so wären im ***Papyrus Ebers*** sieben Rezepte mit Alraunen (sogar »Alraunen von Elephantine«) enthalten. Dabei handelt es sich um Mittel gegen ***pend***-Würmer, gegen Schmerzen (beziehungsweise »Schmerzdämonen«), Hautentzündungen, Knochenschmerzen, zum »Geschmeidigmachen der Haut«, »um Verhärtungen der Glieder zu erweichen« und gegen eine »kranke Zunge« – was immer darunter zu verstehen ist.
Es wäre auch möglich, dass die Ägypter ihren Wein für rituelle oder hedonistische Zwecke mit Alraunen versetzten (siehe weiter unten).

---

[37] An dieser Stelle ist die Alraune in demotischer Schrift (vgl. Anmerkung 14) angegeben: ***mcntrcgwrw***.

Die Vernichtung des Menschengeschlechts

Bier war im alten Ägypten das wichtigste Getränk überhaupt, denn es war das Getränk der Unterklasse (im Gegensatz zum Wein, der das Getränk der herrschenden Klasse war) und das häufigste Trankopfer (CRANACH 1981; LESKO 1978: 13, 14). Es hieß ***hkt*** (***heket***), wahrscheinlich ein babylonisches Lehnwort (***biktu***) und wurde hauptsächlich aus Emmer (***Triticum dicoccum***), eine alte Weizenart, aber auch aus Gerste (Gerstenbrot) gebraut. Der Maische wurden verschiedene Kräuter (unter anderem Kassia-Zimt, Pfeffer, Petersilie, Raute, Datteln) und Mineralien (Blutstein oder Hämatit, rote Walkererde) zugesetzt, um Geschmack, Aussehen und Wirkung des Bieres zu verändern. Der Zusatz von Alraunenmehl diente offensichtlich der Verbesserung der berauschenden Wirkung sowie der Konservierung (HUBER 1926: 43). Vermutlich wirkte ein Alraunenbier je nach Dosierung erotisierend oder einschläfernd. Ein derartiges Alraunenbier spielt in der berühmten Mythe »Die Vernichtung des Menschengeschlechts und die Erschaffung des Himmels« (BRUNNER-TRAUT 1991: 101-106) eine tragende Rolle.

Der Sonnengott Re war über die Menschen verärgert, weil sie sich gegen ihn verschworen hatten. Aus Zorn schuf er die schreckliche löwenköpfige Sachmet, (eine Vorgängerin der späteren Liebesgöttin Hathor). Sachmet sollte das Menschengeschlecht bestrafen. Sie wütete einen ganzen Tag unter den Menschen und war bis Sonnenuntergang noch nicht fertig, denn sie wollte die Menschheit komplett auslöschen. Das wollte Re wiederum nicht und ersann eine List, um das tödliche Toben der Göttin zu beenden. Dazu ließ er sich Alraunenfrüchte aus Elephantine, einer Insel im Nil, bringen (BRUGSCH 1918: 31). In anderen Versionen und/ oder Übersetzungen wird dies auch als Hämatit[38] (HELCK 1971: 83) oder roter Ocker (BRUNNER-TRAUT 1991: 103) gedeutet. Gleichzeitig ließ Re 7.000 Krüge Gerstenbier ansetzen. Er mischte

[38] Hämatit oder Blutstein ist ein Eisenoxid, das als Mineral verbreitet ist. Es hat meist einen schwarzen oder rötlichen Glanz. Wenn Hämatit zermahlen oder zerschnitten wird, bekommt das Pulver eine blutrote Farbe.

Anthropomorpher Petroglyph von La Ptèrie (Ägypten), der von den Entdeckern PERROT und GUILLAUME als Alraunenmännchen gedeutet wird. (Nach THOMPSON 1968: 46).

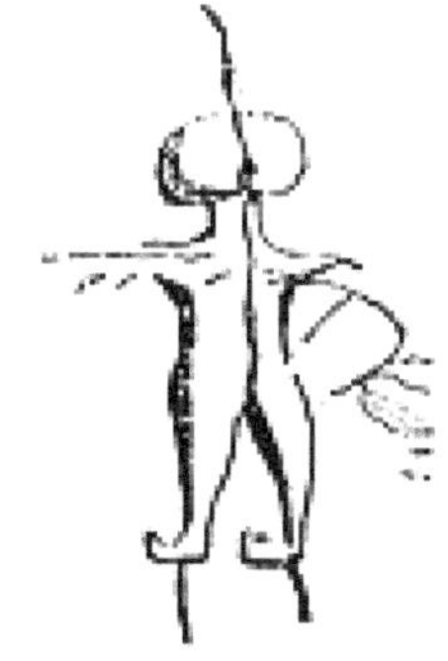

die Alraunen (oder den Hämatit/ roten Ocker) darunter und ließ die Felder mit dem blutroten Bier (dem »Schlaftrunk«) bedecken. Als die Göttin am nächsten Sonnenaufgang das Bier sah, nahm sie darin ihr Spiegelbild wahr und erkannte sich selbst. Gierig trank sie das Bier, das sie wegen der roten Farbe für Menschenblut hielt, bis zum letzten Tropfen aus.

»Ihr Antlitz wurde milde dadurch,
und sie trank; das tat ihrem Herzen wohl.
Trunken kam sie zurück,
ohne die Menschen erkannt zu haben.«
(BRUNNER-TRAUT 1991: 104)

Aus Dankbarkeit lehnten sich die Menschen nicht mehr gegen Re auf. Sachmet verwandelte sich in die Kuh Hathor und trug Re in den Himmel.[39] – Sollte die Göttin durch die Alraune solche Zauberkraft entwickelt haben?

»Bier läßt ihn aufhören ein Mann zu sein.
Es läßt deine Seele wandern …«

heißt es in einem erzieherischen Schultext (LESKO 1978: 35). Dieses Zitat birgt möglicherweise einen Hinweis auf die psychoaktive Kraft des Alraunenbieres, das die Seele in andere Welten wandern lässt.

---

39 »In einer altägyptischen Göttersage wird erzählt, dass die Mandragorenfrüchte aus Nubien stammten und von dort zu den Tempeln und Königspalästen in Ägypten gebracht wurden. Dort wurden sie einer Göttin in einem Gefäß mit Bier gereicht. Sie bekam von diesem Zaubertrank glänzende Augen und geriet in einen so berauschenden Zustand, ›dass sie nach Sonnenaufgang nicht mehr sehen‹ konnte.« (KREUTER 1982: 19)

Als Erinnerung an dieses dramatische Geschehen in der Urzeit richtete Re das Hathorfest (wörtlich »Fest der Trunkenheit«) ein, bei dem der Göttin geweihte Mädchen ein ***sdr.t*** (= »Schlaftrunk«?)[40] genanntes Bier nach ähnlichem Rezept herzustellen hatten (Helck 1971: 84). Die Hathorfeste waren ekstatische Orgien mit obszönen Darbietungen, Opferhandlungen und wilder Musik. Hathor wurde später als Erfinderin des Bieres gefeiert und »Herrin der Trunkenheit ohne Ende« genannt. Da sie als Liebesgöttin verehrt wurde, gehörten auch Alraunenfrüchte (Liebesgaben) zu ihren Opfern. Immerhin waren die Alraunenfrüchte als Aphrodisiaka bekannt und wurden in der ägyptischen Kunst häufig im Zusammenhang mit Liebesszenen und Heiratsszenen dargestellt (Rätsch 1991; Thompson 1968: 46).

Alraunenbier: Ein Brauexperiment

In den 90er Jahren des vergangenen Jahrhunderts wurden in England erste Versuche unternommen, die Braukunst der alten Ägypter wiederzuentdecken und neu zu beleben. Dazu wurde in der Nähe von Cambridge großflächig Emmer (***Triticum dicoccum***) angebaut. Neben Emmer verwendeten die Ägypter auch Gerste (***Hordeum vulgare***, H. ***vulgare convar. distichon***, ***H. vulgare convar. hexastichon***) als Braugrundlage (Germer 1985: 209). Archäologische Untersuchungen in einer Bäckerei und Brauerei des Pharaos Echnaton (regierte von 1364-1348 vor Christus) in Tell el Armarna haben bewiesen, dass die Ägytpter Bier nicht nur aus altem Brot, sondern auch aus Malz (gekeimtes Getreide), herstellten. Die Braugefäße waren poröse Tonkrüge mit einem Fassungsvermögen von 40 bis 50 Liter. Dem Bier wurden oft Zimt und Datteln, auf denen wahrscheinlich die Hefe lebte, zugefügt (Fairley 1992).

---

40 »Mir erscheint es wahrscheinlicher, dass es sich um ein Getränk handelt, dass man in der Nacht trinkt. Dabei ist zu bedenken, dass es sich bei den Mädchen, die der Hathor in Kom el-Hisn geweiht werden, vielleicht wie bei den Mädchen der Aphrodite von Korinth um Prostituierte handelt; wir hätten hier wieder die auch schon früher von uns festgestellte enge Verbindung zwischen leichten Mädchen und den Bierhäusern in Ägypten.« (Helck 1971: 84)

Ich habe im Dezember 1994 zur Zeit der Sonnenwende ein Alraunenbier nach folgender Methode gebraut und dieses dann getrunken.

Zutaten

1,2 Kilo	Braumalz (Gerstenmalz)
450 Gramm	kretischer Thymianhonig
5 Stangen	Zimt (etwa 10 Zentimeter lang)
50 Gramm	***Radix mandragorae*** conc.
5 Gramm	getrocknete obergärige Hefe[41]
20 Liter	Wasser

Zubereitung

Zuerst kochte ich etwa 50 Gramm getrocknete zerkleinerte Alraunenwurzel und die Zimtstangen mit einem Liter Wasser aus (zwecks der erforderlichen Sterilität). Die Wurzelstücke verblieben im Wasser bis alles abgekühlt war.
Das Braugefäß (Kunststoffeimer) muss zunächst mit kochendem Wasser sterilisiert werden. Zuerst habe ich das verflüssigte Malz in das Gefäß gegeben, dazu 2 Liter heißes Wasser und den Honig. Nachdem alles verrührt war, fügte ich den Alraunensud samt der Wurzelstücke und der Zimtstangen hinzu. Nachdem nochmals alles gut verrührt wurde, füllte ich mit kaltem Wasser auf zirka 21 Liter (insgesamt 20 Liter Wasser und 1 Liter Malz) auf. Zum Schluss verteilte ich die Hefe auf der Lösung.

Beobachtungen

Das angesetzte Gebräu muss wegen der obergärigen Hefe an einem warmen Ort (20 bis 25 Grad Celsius) verbleiben.

1. Tag

Hefe um 16 Uhr zugesetzt; gegen Mitternacht erste zögerliche Anzeichen der einsetzenden Gärung; 2 Uhr Gärung hat eingesetzt.

[41] Es ist anzunehmen, dass die Ägypter nur obergärige Hefen benutzten beziehungsweise wegen der landesüblichen hohen Temperaturen nur im Warmen wirkende Hefe benutzen konnten.

2. Tag

Die Gärung geht nur langsam ihrem Höhepunkt zu.[42]

3. Tag

Die Gärung hat ihren Höhepunkt erreicht. Auf dem Schaum hat sich die Hefe, die sich reichlich vermehrt hat, abgesetzt.

4. Tag

Der Höhepunkt der Gärungstätigkeit ist erreicht und fällt gegen Abend ab.

5. Tag

Die Nachgärung hat eingesetzt.

6. Tag

Die Gärung ist zum Stillstand gekommen. Die Hefe wandert langsam nach unten, um einen Bodensatz zu bilden. Ich habe einen Teil des Gebräus auf Flaschen gezogen, wobei ich jeder Flasche (0,7 Liter) zwecks Nachgärung einen gehäuften Teelöffel braunen Zucker zugesetzt habe.

Geschmack und Wirkung

Der Geruch des sechs Tage alten Bieres weist keine Besonderheiten auf. Der Geschmack ist deutlich anders als bei gehopftem Bier. Es ist sehr bitter (wie Pilsener), hat aber eine erdige Komponente. Der Alraunenwurzelgeschmack dominiert. Vom Zimt sind nur Spuren zu bemerken.

Ich habe [am sechsten Tag] einen halben Liter dieses Alraunenbieres getrunken. Die Alkoholwirkung bleibt aus. Es macht sich im Kopf ein leichter Druck bemerkbar, wie er auch bei Bilsenkraut oder Stechapfel auftritt. Es bringt mehr Spaß zu tanzen als am Computer zu sitzen (siehe auch Protokoll von CHRISTIAN RÄTSCH, Seite 28).

---

42 Schon bei Brauexperimenten zur Herstellung des germanischen Bilsenkrautbieres konnte ich beobachten, dass die Gärung offensichtlich durch den Alkaloidgehalt der Lösung verzögert wurde. Es scheint so, als ob die Tropane die Hefe zunächst lähmen würde.

Die Wurzel der dunklen Göttin

»Nacht, Vertrauteste du der heimlichen Dinge;
ihr Sterne, die ihr der tragenden Glut nachfolgt
mit der goldenen Luna;
du, Hekate mit dreifachem Kopf,
du weißt, was jetzt anhebt:
komm doch und hilf mir
mit murmelndem Spruch und kunstvollem Zauber.
Und du Erde, du gibst den Hexen die mächtigen Kräuter.
Lüftchen und Winde und Berge, Flüsse all und ihr Teiche,
Göttin der Haine, herbei! O helft mir, ihr Götter der Nächte.«
(Gebet der Medea an Hekate,
siehe OVID, ***Metamorphosen*** VII, 192)

»Die Symbolik seiner Gestalt und seine halluzinatorische Wirkung
machten den Alraun zu einer mythischen Pflanze,
die Teil zweier Welten war, der irdischen und der unterirdischen.«
(Jacques GÉLIS 1989: 63)

Im Altertum war es üblich, kulturell bedeutsame Pflanzen verschiedenen Gottheiten zu weihen. Die gesamte griechische Mythologie spiegelt sich in der Pflanzenwelt wieder. Bestimmte Eigenschaften einer Pflanze wurden mit den Charakteren der Götter und Göttinnen in Zusammenhang gebracht.[43]
Die Alraune, aber vor allem die Wurzel, war ***die*** Pflanze der Hekate. Die chthonische Göttin stammt aus Kairen (Kleinasien) und trägt viele asiatische Attribute. Als Göttin der Dreiwege (Enodia, Trivia) war sie dreigestaltig, hatte drei Köpfe und sechs Arme. Sie war im Himmel, auf Erden und in der Unterwelt zugleich verwurzelt. Als Göttin des nächtlichen Spuks (visuelle Halluzinationen) wurde sie von bellenden Hunden und lärmenden Schreckgespenstern (akustische Halluzinationen)

[43] BAUMANN 1982; DIERBACH 1833; EMBODEN 1977; HOCKING 1947; MURR 1890; RÄTSCH 1987 und 1995.

bei ihrem wilden Treiben begleitet. Die Hekate galt gleichermaßen als schadenstiftende Hexengöttin (Giftküche) als auch als Geburtsgöttin (Aphrodisiakum; erotische Halluzinationen). Im Argonautensang wird der Zaubergarten der Hekate beschrieben: »Darin wachsen reichlich Mandragoren« (***Orph.Argonaut.*** 922f.).[44]
Hekate ist die »Herrin der Unterirdischen«. Der Christ und griechische Kirchenschriftsteller EUSEBIOS (um 260-339) beschreibt sie als »Gebieterin über alle bösen Dämonen«, als die »Schwarze« oder ein mit Aphrodite gleichgesetzter »Dämon der Liebestollheit«. Sie ist die Mutter der Kirke von Italien und der Medea von Kolchis, der »kosmischen Superhexe« (LUCK 1962: 61).[45] Sie sendet den Menschen drückenden Schlaf und lastende Träume, verursacht Epilepsie, die »heilige Krankheit« und Wahnsinn (***mania***), konnte also veränderte Bewusstseinszustände hervorrufen. Es scheint geradewegs so, als würde sich die dunkle Göttin erst durch die Wirkung des Alraunensaftes enthüllen. Die Wirkung der Alraune ist dem Charakter der Göttin genau angemessen. Sie wurde auch Baubo/Bombo[46] genannt.

»Unterirdische, höllische, himmlische Bombo, so komme,
Göttin des Wegs, des Dreiwegs, du glühende mächtige Leuchte,
Feindin des Lichts und Freundin der Nacht und traute Genossin,
die sich ergötzt am Hundegebell und strömendem Blute,
wandelt über die Leichen und über die Gräber der Toten,
lechzend nach Blut, den sterblichen Menschen ein Grauen.«
(HIPPOLYT, ***Elenchos*** IV, 35, 5)

---

44 DIERBACH (1833: 195) sieht in der »Mandragora der Hekate« die Mandragoraß des THEOPHRAST und hält sie für die Tollkrische ***Atropa belladonna***. Ich bezweifle diese Deutung, da die Tollkirsche im Land der Hekate nicht heimisch ist, wohl aber die Alraune.

45 »Im Mythos und in der Dichtung der Griechen lernen wir große Hexen wie Kirke und Medea kennen. Aber vielleicht waren es ursprünglich keine Hexen, sondern Göttinnen oder doch Priesterinnen von Gottheiten einer längst untergegangenen Religion. Ihr Wissen um Kräuter, Wurzeln und Pilze stellte uralte, geheim gehaltene Erfahrung dar und gab ihnen besondere Macht. In ihrer eigenen Kultur waren sie Priesterinnen; die folgenden Generationen haben sie zu gefährlichen Zauberinnen gemacht.« (LUCK 1990: 46) - Ähnliches gilt auch für die römische Dichtung (vgl. LUCK 1962: 60f).

46 Eine ***Baubo*** ist eigentlich die vergöttlichte Vulva - ein weiterer Hinweis auf die Verschmelzung der Hekate mit der Aphrodite.

Die dreigestaltige Göttin Hekate mit ihren typischen Attributen (Dolch, Peitsche, Fackel) und den heiligen Schlangen. (Nach BELLINGER).

Hier wird eine Göttin beschrieben, die verdächtig an Kali, die schwarze Göttin der Hindus, erinnert[47]. Es wundert nicht, dass die Alraune als Pflanze der dunklen Göttin im frühen Christentum zu einer teuflischen Pflanze, die in der Hölle wurzelt, transformiert wurde (MÜLLER-EBELING 1987: 145).

»Die Magie der Wurzeln ist alt wie die Menschheit. Wurzeln waren dort beheimatet, wo man die Toten begrub und wo man sich die Unterwelt, das Reich der Schatten, vorstellte. Und doch sind Wurzeln die Vermittler des Lebens. Auf schwerbegreifliche Weise scheinen sie beiden Reichen nahe und vertraut zu sein – dem Leben und dem Tod. In solchen Zauberreichen leben auch die Geister und die Verzauberten, die Zwerge und die Kobolde. Auch Alraune ist solch ein seltsames Märchenwesen zwischen den Welten – mächtig und gefährlich zugleich.« (KREUTER 1982: 204)

Laut AELIAN (etwa 170-240 nach Christus) heißt die Mandragora ***Kynospastos***, »Hundsausgerissene« oder Aglaophotis, »Glanzschimmernde«, »die herrlich Leuchtende«. Sie sei ein Pharmakon gegen die Epilepsie, die AELIAN als »Krankheit der Selene« bezeichnete (RAHNER 1957: 210f.).[48] Auch Hekate wird mit der Mondgöttin Selene identifiziert und der Hund ist das ihr heilige Tier.

---

47 Es ist durchaus möglich, dass Hekate und Kali auf die gleiche ur-indoarische oder eine dravidische Erdgöttin zurückgehen (vgl. DANIELOU 1992).

48 Möglicherweise beschreibt AELIAN aber die Gichtrose (***Paeonia officinalis***), die eine Pflanze der Selene war (vgl. RÄTSCH 1995; STARCK 1986: 19).

»Es gibt eine Pflanze kynospastos. Sie wird auch aglaophotis genannt. Sie ist tagsüber unsichtbar, weil sie sich zwischen anderen Pflanzen versteckt. Nachts scheint sie jedoch wie ein Stern in der Dunkelheit, und man kann deshalb die Stelle, an der sie wächst, kennzeichnen und somit am nächsten Tag mit Sicherheit sagen, welche Pflanze die Alraune ist, selbst wenn sie haargenau wie ihr unschuldiger Nachbar aussieht. Sodann bindet man einen hungrigen Hund an der Wurzel fest und entfernt sich, nachdem man noch ein wohlriechendes Stück gebratenen Fleisches knapp außer dessen Reichweite platziert hat. Das hungrige Tier wird daraufhin hastig versuchen, an das Fleisch zu gelangen, muß jedoch in dem Augenblick sterben, in dem es die Alraune aus der Erde reißt. Seine Leiche sollte am ehemaligen Standort der Pflanze begraben werden und eine Beerdigungszeremonie zur Ehre des Tieres stattfinden, das ja sein Leben dafür geopfert hat, dass sein Herr in den Besitz der Alraune gelangen konnte. Sie gebrauchen sie, sagt man, zu vielen nützlichen Dingen, und unter diesen soll es die an der Fallsucht Leidenden heilen sowie auch die Krankheiten der Augen (...)« (AELIAN XIV, 27).

Um in den Besitz der Alraunenwurzel zu gelangen, musste der Göttin ein Hund geopfert werden. Der Hund war also eine Art Hilfsgeist der Hexen(göttin), der beim Erwerb der Wurzel tätig wurde. Der Hund war auch das offizielle Opfertier in den Tempeln der Hekate (zum Beispiel in Aigina, Argos, Eleusis). Und mit der Alraune konnte die Göttin herbeigerufen werden, wie DEMOKRIT (zirka 470-380 vor Christus), der »lachende Philosoph«, in seiner verlorenen Schrift ***Cheirokmeta*** (»mit der Hand gefertigte Dinge«) berichtet:
»Es steht nun fest, dass das Buch ***Cheirokmeta*** von DEMOKRITOS stammt. Aber um wieviel abenteuerlichere Dinge weiß dieser Mann zu berichten, der nach PYTHAGORAS die Magier am eifrigsten studiert hat! So berichtet er von dem Kraut ***aglaophotis***, das seinen Namen durch die Bewunderung der Menschen für seine besondere Farbe erhalten habe und das in den Marmorbrüchen Arabiens auf der persischen Seite gedeihe, weshalb man es auch ***marmaritis*** [= ›Marmorkraut‹] nennt; seiner bedienten sich die Magier, wenn sie die Götter herbeirufen wollten.« (PLINIUS XXIV 160)

Hekate – als Urbild der Bercht[49] und ihres vielen spätantiken Beschwörungen (Zauberpa ins – wurde in tin angerufen. Meist wurde Hekate bei Liebeszau chtigste Göt- ren – oftmals im Zusammenhang mit Hunden, soga n beschwo- Kerberos, dem dreiköpfigen Hund der Unterwelt (LUC n antiken den christliche Autoren fälschlich als »Höllenhund« bezeic 129ff.), Anstelle der Hekate wurde in den Zauberpapyri auch Medea a n. (LUCK 1990: 50). Medea, die zauberkundige Tochter des hellen ufen Königs Aites von Kolchis und der Enkelin des Sonnengottes He hen s, wurde aus christlicher Sicht zum Urbild der Hexe. Von ihr waren insbesondere die Präraffaeliten der viktorianischen Epoche in der zweiten Hälfte des 19. Jahrhunderts fasziniert.

Die Alraune galt auch als Pflanze der Kirke oder Circe (DIERBACH 1833: 204). Die zauberkundige Tochter des Helios lebte an der italienischen Küste oberhalb Siziliens (PLINIUS XXV 10f.). In Süditalien und Sizilien ist die Alraune vor allem in der Nähe alter Heiligtümer weit verbreitet.[50] Circe verwandelte die Gefährten des Odysseus in Schweine und wurde durch Homers Dichtung berühmt. Daher überlieferte DIOSCURIDES LANGOBARDUS für die Alraune den Namen ***circeon*** (IV, 71; vgl. RAHNER 1957: 201); auch ***Mandragora Circaea***, das Kraut, mit dem Kirke (= Circe, Zirze) die Gefährten des Odysseus in »Schweine«[51] (also sexuell erregte Männer!) verwandelte.[52] Nach APOLLODOROS (2. Jahrhundert vor Christus), dem bedeutendsten Gelehrten seiner Zeit, war die Alraune, die er ***kirkaia riza*** nennt, ein Amulett gegen den Schadenzauber der Pasiphae, Tochter des Helios, Gattin des König Minos und Mutter der Ariadne und des Minotauros (*frg.* II 15).

---

49 Die Bercht, auch Perchta oder Frau Berta genannt, erscheint in mittelalterlichen Texten als Nachtfrau (nahtfrowa). Sie galt als Gabenbringerin aber auch als hexenhafte Schreckgestalt. In vorchristlicher Zeit war sie eine Gestalt der Mittwinterzeit. Im Alpenraum erhielt sich ihre kultische Verehrung in den so genannten »Perchtenläufen«, bei welchen Männer in zottige Felle und gruslige Holzmasken schlüpfen, um Kinder und junge Frauen zu schrecken.

50 Mündliche Mitteilung von Albert HOFMANN.

51 Das »Schwein« ist ein altes antikes Symbol für die Vulva, aber auch für sexuelle Gier.

52 FLEISHER und FLEISHER 1994: 244; KREUTER 1982: 29

Als Enthe[illegible]ch die Mandragora im Garten der Hekate und der Hexen. [illegible]rühe Neuzeit diente sie als wichtigste Ingredienz zur Bereitur[illegible]iebestrünken und den berüchtigten Hexen-, Buhl- oder Flugsa[illegible]

Die [illegible]ne wurde zur Herstellung von aphrodisierenden Bieren und We[illegible]n verwendet. Wie schon ausgeführt brauten die alten Ägypter zu [illegible]hren ihrer ekstatischen Liebes- und Rauschgöttin Hathor ein Al[illegible]aunenbier. In Griechenland war der Alraunenwein bekannt. In Mesopotamien gab es einen aus Alraunen gekelterten Wein, der keilschriftlich als »Rindsauge« bezeichnet wurde.[53] Noch in unserer Zeit wird in Rumänien Alraunenwurzel dem Wein zugesetzt: »Ein paar Alraunenfasern im Wein oder Schnaps erhalten dem Schankwirt die Kundschaft.«[54] Dort benutzt man die Alraune auch zur Erzeugung heilsamer Delirien.

Rezept für Mandragorenwein

Zur Herstellung von Mandragorenwein – Mandragoriton – nehme man eine Handvoll (zirka 23 Gramm) zerkleinerte Alraunenwurzeln (***Mandragorae Radix conc.***) und gebe darauf eine Flasche Retsina (0,7 Liter). Das Gemisch lasse man eine Woche stehen. Nicht abseihen. Die Wurzelstücke verbleiben im Wein, bis er geleert wird. Man kann auch ein paar Zimtstangen (zwei bis drei) hinzufügen. Die wirksame Dosis liegt bei einen Likörgläschen (20 bis 40 Milliliter). Vorsicht! Nicht überdosieren!

---

53 Magnus Hirschfeld und Richard Linsert 1930: 162
54 Eliade 1942: 226.

Die goldenen Äpfel der Aphrodite

»Jeden Morgen aß sie Alraunwurzeln ...«
(GUSTAVE FLAUBERT, ***Salammbô***)

Der zypriotische Kult der Aphrodite geht auf die orientalischen Kulte der Liebesgöttin zurück, die zuvor auch unter den Namen Ischtar, Astarte, Ascherot verehrt wurde (STRÖTER-BENDER 1994). J. Rendel HARRIS stellte die Theorie auf, dass der griechische Kult der Aphrodite auf die Assimilation der orientalischen Vorstellungen von der Alraune zurückzuführen sei (HARRIS 1917). Aphrodite trägt den Beinamen Mandragoritis (»die der Mandragora«), der von HESYCHIUS (Lexicon; vgl. RAHNER 1957: 201, 364/ Anmerkung 21; SCHLOSSER 1987: 22; THOMPSON 1968: 55) überliefert ist. Folglich hatte die Liebesgöttin eine innige Beziehung zur Mandragora. HARRIS nimmt an, dass die Alraunenfrüchte der Aphrodite ebenso zugeordnet wurden wie der Beifuß (***Artemisia vulgaris*** L.) der Artemis.[55]

Die aus der Kammmuschel geborene Liebesgöttin Aphrodite. (Antike Skulptur, Uffizien, Florenz).

In den spätantiken Mysterien der Großen Göttin wurde Aphrodite mit Hekate identifiziert (APULEIUS, Metamorphosen). Somit ist die Alraune der Hekate auch die heilige Pflanze der Liebesgöttin.

---

[55] HARRIS 1917; vgl. auch THOMPSON 1968: 58.

Es gibt verschiedene antike Überlieferungen von den »goldenen Äpfeln der Aphrodite«[56] (siehe unter anderem HOMER, VERGIL, LUKIAN). Eine davon besagt, dass Eris, die eifersüchtige Göttin des Streites, den schönen Paris aufforderte, den goldenen Apfel der schönsten der drei Göttinnen – Hera, Athen oder Aphrodite – zuzuerkennen. Aphrodite versprach Paris die Liebe der schönsten Frau der Welt Helena, um deren Buhlschaft letztlich der Trojanische Krieg entbrannte. Daher entschied sich Paris, der Göttin der Liebe den goldenen Apfel zu überreichen.
Als Herrscherin über die vegetative Fruchtbarkeit wurde Aphrodite in Athen auch als Gartengöttin verehrt. Polytheistisch ausgerichtete Gesellschaften unterscheiden nicht zwischen Gut und Böse, sondern kennen nur ambivalente und relative Qualitäten. Daher barg die Göttin der Liebe auch dunkle Aspekte. Die überlieferten Beinamen ***Melainis*** (»die Schwarze«) und ***Androphonos*** (die »Männer-Tötende«) verweisen auf ihren dunklen Aspekt.

Vor diesem mythischen Hintergrund stellt sich die Frage, warum gerade ein Apfel, obgleich er köstliche Nahrung spendet, der Göttin, die mächtigen Liebeszauber bewirken kann, heilig ist? Auf Zypern gibt es nur wenige Apfelbäume. Der Apfel ist ohnehin auf der Insel nicht heimisch und hat pharmakologisch gesehen keinerlei erotisierende Wirkung. Dagegen erzeugen die goldgelben Früchte der Alraune, die in überlieferten Schriften immer als »Äpfel«[57] bezeichnet werden, eine rauschhafte erotische Lust. Auf Zypern, dem Land der Aphrodite, ist die Alraune seit dem Altertum als Aphrodisiakum (= »Mittel der Aphrodite«) bekannt und wurde unfruchtbaren Frauen als Fruchtbarkeitsspender eingeflößt (RÄTSCH 1993a und 1993b). Diese Verwendung hat sich bis heute auf Zypern erhalten (GEORGIADES 1987 I: 50).

---

56 »der Apfelbaum ... wurde schon in den frühesten Zeiten in den Gärten kultiviert ... aber die Nachrichten der Alten von seinen Früchten sind vielfach verwirrt und vermengt worden, und das um so leichter, da bei ihnen alles, was eine apfelförmige Frucht hat, ***Malum*** hieß, und keineswegs immer die eigenen Arten durch Beiworte kenntlich gemacht werden; daher so viele Widersprüche von dem, was auf die wahren Aepfel, was auf die Quitten, was auf die Pomeranzen, was auf die Granaten zu beziehen ist, die oft alle bloß Apfel genannt werden. Nur der Zusammenhang und Sinn des Ganzen kann hier genügenden Aufschluß geben.« (DIERBACH 1981: 101)

57 Der von DIOSKURIDES angeführte Name ***antimelon***, »dem Apfel ähnlich« bestätigt dies.

Eine Pflanze der Blitzgötter

Seit dem Altertum wird die Entstehung bestimmter Pflanzen und Pilze, die meist eine psychoaktive Wirkung haben, dem Blitz zugeschrieben, der die Erde befruchtet. Viele psychoaktive und entheogene Pflanzen sind Blitzgöttern heilig. So ist das Soma dem arischen Blitz- und Donnergott Indra geweiht. Das Bilsenkraut (***Hyoscyamus niger***) ist dem germanischen Donner- und Fruchtbarkeitsgott Donar-Thor heilig, der auch ein Biergott ist. Der Fliegenpilz (***Amanita muscaria***) ist mit dem schamanischen Sturm- und Gewittergott Wotan/ Odin assoziiert. Der ägyptische Gott Re (Ra) war ursprünglich ein Sonnengott, wurde später aber zu einem Orakel- und Blitzgott. Re wurde in griechisch-römischer Zeit mit Amun (Ammon) und Zeus-Jupiter identifiziert (SCHLOSSER 1987) – auch ihm war die Alraunenwurzel heilig.

Der griechische Lexikograph und Grammatiker HESYCHIOS aus Alexandria (5. oder 6. Jahrhundert nach Christus) erwähnt eine ***mandragoraß o Zeyß***, eine »Alraune des Zeus« (***Hist. Lex.*** IX 9,1). Leider gibt er keine weiteren Details preis. Die Assoziation mit dem griechischen Blitzgott könnte aus der alexandrinischen Alchemie stammen und ein Hinweis auf die psychoaktive Verwendung der Alraune sein. Immerhin können psychoaktive Drogen »Geistesblitze« erzeugen. SCHLOSSER erkennt in der Alraune sogar eine typische »Blitzpflanze« und sieht in ihr eine Verwandtschaft oder sogar Identität mit dem persischen ***Haoma*** (siehe Kapitel »Botanik und Pharmakologie«, Seite 11).

Die Alraune als Medizin im antiken Griechenland

»4. Jahrhundert vor Christus, Griechenland:
Die Mandragorawurzel ist ein vorzügliches Mittel,
die Liebe zu erhalten,
wenn sie geschabt und in Essig eingeweicht wird.
Dieser Trank vermittelt Liebeskraft.«
(SILVER 1975: 164)

Kaum eine Pflanze hatte in der Antike ein derart weites Anwendungsspektrum wie die Alraune. Sie wurde als Schlafmittel, Schmerz- und Betäubungsmittel, Antidot, Abortativum, Aphrodisiakum, Liebeszauber und Rauschmittel verwendet. Zahlreich waren auch ihre medizinischen Indikationen. Sie wurde verwendet bei der Behandlung folgender Erkrankungen: Abszesse, Arthritis, Augenentzündungen und -erkrankungen, Ausfluss, Beklemmung, Besessenheit, Depression, Drüsenbeulen, Entzündungen, speziell bei Entzündungen der Gebärmutter, bei Geburtskomplikationen, Gelenkschmerzen, Geschwulsten und Geschwüren (Ulcer), bei Gicht, Hämorrhoiden, Hautentzündungen, Hüftschmerzen, Hysterie, Impotenz, Knochenschmerzen, Kopfschmerzen, Krämpfen, Leberschmerzen, Magenbeschwerden, Melancholie, Menstruationsbeschwerden, Milzschmerzen, Schlaflosigkeit, Schlangenbissen, Skrofeln, Tuberkeln,

Theriakbereitung. Die Alraune gehörte zu den Ingredienzien dieses seit der Antike beliebten Universalantidotes. (Holzschnitt aus: Hieronymus BRUNSCHWYG, ***Dis ist das Buch der chirurgia***, Straßburg, 1497).

Die Tollkirsche (***Atropa belladonna***) unter ihrem vorlinné'schen Namen ***Mandragora morion*** beziehungsweise Dollkraut. (Holzschnitt aus: FUCHS 1545: 398)

Unfruchtbarkeit, Vergiftungen, Verhärtungen, Verlust der Sprache, Wurmbefall, Wunden, Wundrose (Erysipel) und Zahnschmerzen (RÄTSCH 1994).

Der Dichter HOMER (9. oder 8. Jahrhundert vor Christus) hat eine Reihe von Arzneien und sagenhaften Zauberpflanzen in der Odyssee und ***Illias*** beschrieben (SCHMIEDEBERG 1918). Die botanische Identifizierung ist in den meisten Fällen kaum möglich. Besonders die Zauberpflanzen ***nepenthes*** und ***moly*** gaben Grund zu weitläufigen Spekulation. Sowohl ***nepenthes***, das »Kraut das Vergessen läßt«, als auch ***moly***, die Zauberwurzel des Hermes, wurden als Alraunen gedeutet (DIERBACH 1833).

Morion und Tollkirschen

Vermutlich ist die Tollkirsche der in der antiken Literatur ***Morion*** genannten »bei Höhlen wachsenden männlichen Mandragora« identisch (DIOSKURIDES IV, 76). Morion bedeutet wörtlich »männliches Glied« und weist auf die Verwendung als Tollkraut (mittelhochdeutsch »toll« = geil) hin. Tollkirschen wurden seit dem Altertum als Aphrodisiaka benutzt (V. KLUGE ohne Datum: 170). Da die antike Literatur nur wenige Hinweise enthält, kann man vielleicht aus dem noch in Marokko weit verbreiteten Gebrauch Rückschlüsse ziehen. Dort wird aus den getrockneten Beeren mit wenig Wasser und Zucker ein Tee zubereitet, der »zu einer guten geistigen Kondition verhelfen« kann. Dieser Tee ist speziell ein Aphrodisiakum für Männer. Weiter heißt es, »dass eine kleine Dosis

Belladonna den Verstand kläre und zu intellektuellen Arbeiten befähige« (VENZLAFF 1977: 82). Ein paar frische Beeren sollen auch die Gedächtnisleistung erhöhen. Gelegentlich werden sogar die Beeren zu Gewürzmischungen hinzugefügt.

Dennoch gibt es im griechischen Schrifttum eindeutige Hinweise auf die Mandragora. In der ältesten erhaltenen Handschrift der um 68 nach Christus verfassten ***Arzneimittellehre*** (= ***De materia medica***) des DIOSKURIDES PEDANIUS aus Anarzaba (Kilikien), dem Codex ***Vindobonensis medicus graecus*** 1 (der so genannte »Wiener Dioskurides«; um 512 nach Christus) findet sich eine Illustration, die die zentrale Stellung der Alraune in der griechischen Pharmazie und Medizin dokumentiert. Auf Abbildung 5v ist ein Atelier eines Buchillustrators der Antike dargestellt. Die Göttin Epinoia (»Denkkraft«) hält eine Alraunenpflanze in Händen. Links von ihr sitzt der Illustrator[58], der ein Alraunmännchen auf die Leinwand bannt. DIOSKURIDES studiert ein Buch (über Medizinpflanzen) und vermittelt dem Illustrator Informationen (STÜCKELBERGER 1994: 82; Tafel 17). Im ***Codex medicus graecae*** Nummer 5 ist auf Abbildung 4 (Seite 71) DIOSKURIDES sitzend dargestellt. Hereusis, die Göttin der wissenschaftlichen Forschung, überreicht ihm eine anthropomorphe Alraune (KRUG 1993: 107, Abbildung 42). Darunter befindet sich ein sterbender Hund, dessen Tod die Bergung der Wurzel ermöglichte (siehe Kapitel »Die Wurzel der dunklen Göttin«). Die ***Arzneimittellehre*** des DIOSKURIDES gilt als umfangreichste und verlässlichste Quelle zum medizinischen und pharmazeutischen Gebrauch der Alraune.

In der Spätantike wurde angenommen, dass die Alraune ein Geschenk des griechisch-ägyptischen Gottes Hermes Trismegistos[59], des Gottes

---

[58] Offensichtlich waren Pflanzendarstellungen in der Antike als Buchillustrationen für medizinische, pharmazeutische und botanische Werke gebräuchlich. Leider ist kaum eine dieser Darstellungen wirklich erhalten geblieben (vgl. STÜCKELBERGE 1994: 79).

[59] Hermes Trismegistos, der »dreimal Größte«, ist auch der griechische Name für Thot, den ägyptischen Gott der Schrift und Gelehrsamkeit, der in der Kunst mit einem Schreibgerät dargestellt wird. Dem Spätmittelalter erschien er als Inbegriff des Zauberers.

der Alchemie (FOWDEN 1993) war und zur Beschwörung von Geistern und für alchemische Praktiken geeignet sei (STARCK 1986: 20). Später wurde der alchemistischen *Homunculus*, der künstlich erschaffene Menschen, in der Alraune erkannt (SCHLOSSER 1987: 28). Die griechische Medizin basiert auf der empirisch begründeten Heilkunst und dem religiös-magischen Heilkult (KRUG 1993). Daher fand die Mandragora in der Pharmakologie wie auch in der Magie und Alchemie Verwendung.

Dioskurides erhält von Hereusis, der Göttin der Erfindungskunst, die anthropomorphe Alraune verliehen. (Illustration aus dem Juliana-Codex)

Der ARISTOTELES-Schüler THEOPHRAST (um 370-287 vor Christus) aus Lesbos, dessen Methode als Grundlage der Botanik gilt (WÖHRLE 1985), zählt die Alraune zu den bedeutendsten altgriechischen Heilmitteln: »Es wurde gesagt, dass von einigen Pflanzen die Wurzeln, Früchte und Säfte brauchbar sind, wie bei dem Allheilkraut [panakeß]; bei anderen die Wurzel und der Saft, wie beim Skammonium (***Convolvulus scammonia***), Veilchen (***Cyclamen***), ***Thapsia garganica*** und weiteren, wie etwa bei der Alraune [mandragoraß][60]. Ihre Blätter, so sagen sie, wenn sie mit Mehl zusammen vermischt wurden, sind gut für Wunden, ihre Wurzel ist gut für Erysipel [= (Wund)-Rose], wenn sie geschält und in Essig eingelegt wurden, und ebenso bei Gicht, bei Schlaflosikeit und für Liebestränke. Sie soll in Wein oder Essig gegeben werden; sie schneiden kleine Bälle daraus, so wie von Radischen, und ziehen sie auf ein Band und hängen es in den Rauch über dem Most.« (***Geschichte der Pflanzen*** IX, 9)

[60] Viele Interpretatoren der antiken Texte sehen in der mandragoraß des THEOPHRAST die nahe verwandte Tollkirsche ***Atropa belladonna***, die allerdings in Griechenland äußerst selten vorkommt (vgl. DIERBACH 1833: 195, LENZ 1966: 543, STARCK 1986: 12).

Die Alraune war das bedeutendste Narkotikum oder Anästhetikum der Antike.[61] Nach dem ***Corpus Hippocraticum*** wurde die Alraunenwurzel als Schlaf- und Betäubungsmittel, aber auch als Heilmittel bei psychischen Beklemmungen und Niedergeschlagenheit (Depressionen) verordnet. Die Hippokratiker benutzten die Alraune gegen Melancholie (***Corp.Hippocrat.*** 420, 19) und bei wütigen Krämpfen[62] (BERENDES 1891: 223). Der Gebrauch von Alraunenwurzeln als Schlafmittel war weit verbreitet. Das Wort ***hypò mandragóra katheúdein***, wörtlich »unter Alraune schlafen«, wurde synonym für »schläfrig, schlafmützig« verwendet. Nach ARISTOTELES (384-322 vor Christus) zählt die Alraune neben Mohnsaft (Opium), Wein und Taumellolch (***Lolium temulentum***) zu den Hypnotika; er führt sie in seiner Schrift ***Über Schlaf und Wachsein*** als Schlafmittel (KREUTER 1982: 24, STARCK 1986: 8). Schon der Philosoph PLATON (427-347 vor Christus) erwähnte sie in seiner ***Republica*** als ein Betäubungsmittel, vergleichbar dem Met (488c). Der griechische Arzt ARETAIOS (2. Jahrhundert nach Christus) nennt die Mandragora als Betäubungsmittel für chirurgische Eingriffe.

Die antiken Ärzte und Gelehrten interessierten sich nicht nur für die mannigfaltige medizinische Verwendung der als Allheilmittel (Panacee) geschätzten Wurzel, sondern auch für ihre Botanik. Die ausführlichste antike Beschreibung der drei verschiedenen Alraunenarten und ihrer Eigenschaften findet sich bei DIOSKURIDES.

»Die Mandragora. Einige nennen sie ***Antimelon*** [= ›an Apfels Stelle‹], andere ***Dirkaia***, auch ***Kirkaia*** [= ›Pflanze der Kirke‹], da die Wurzel als Liebesmittel wirksam zu sein scheint; auch ***Antimenion*** [= ›dem Zorn entgegen‹], ***Bombochylos*** [= ›ein Saft, der dumpfes Rauschen erzeugt‹], ***Minos***, die Ägypter ***Apemum***, PYTHAGORAS ***Anthropomorphon*** [= ›Menschengestaltig‹], andere ***Althergis***, ***Thridakias***, ***Kammaros*** [= ›Dem Schicksal unterworfen‹], ZOROASTER [= ZARATHUSTRA] ***Diamonon*** oder ***Archine***, die Propheten ***Hemionus***, auch ***Gonogeonas***, die Römer

---

[61] GROVER 1965; RANDOLF 1905; SCHMITZ und KUHLEN 1989

[62] Noch heute wird Scopolamin in der Psychiatrie als »chemische Zwangsjacke« verwendet.

Mala canina [= ›Hundeapfel‹], auch ***Mala terrestria*** [= ›Erdapfel‹]. Eine Art [vermutlich ***Mandragora autumnalis***] davon ist weiblich, schwarz, ***Thridakias*** genannt, sie hat schmalere und kleinere Blätter mit häßlichem und scharfem Geruch, über die Erde ausgebreitet, daneben Äpfel wie Speierlingsbeeren [***Sorbus domestica*** L.], gelb, wohlriechend, darunter auch eine Frucht wie die Birne, die Wurzeln sind sehr groß, zwei oder drei, mit einander verwachsen, außen schwarz, innen weiß und mit einer dicken Rinde. Einen Stengel treibt sie nicht. Die Blätter der männlichen [vermutlich ***Mandragora officinarum]***, welche einige ***Norion*** [= ***morion*** (?)] nennen, sind groß, weiß, breit, glatt wie bei der [Roten] Bete. Die Äpfel sind doppelt so groß, von safrangelber Farbe, mit einer gewissen Schärfe wohlriechend. Wenn die Hirten dieselben essen, werden sie wie leicht betäubt. Die Wurzel ist der der vorigen ähnlich, aber größer und weißer; auch diese ist stengellos.
Aus der Rinde der Wurzel wird Saft bereitet, indem sie frisch zerstoßen und unter die Presse gebracht wird; man muß ihn dann in die Sonne setzen und nach dem Eindicken in einem irdenen Gefäß aufbewahren. In ähnlicher Weise wird auch aus den Äpfeln der Saft bereitet, aber es wird aus ihnen ein schwächerer Saft gewonnen. Auch wird die ringsum abgezogene Rinde der Wurzel auf eine Schnur gereiht und zum Aufbewahren aufgehängt. Einige kochen die Wurzeln mit Wein bis auf den dritten Teil ein, klären es und setzen es dann weg, um einen Becher davon bei Schlaflosigkeit und übermäßigem Schmerzgefühl anzuwenden, ebenso bei solchen, bei denen sie, um sie zu schneiden oder zu brennen, Gefühllosigkeit bewirken wollen. Der Saft, in der Gewichtsmenge von zwei Obolen mit Honigmet getrunken, führt den Schleim und die schwarze Galle nach oben ab wie die Nieswurz [elleboroß]; ein Genuß von mehr nimmt das Leben weg. Er wird auch den Augenarzneien und den schmerzstillenden Mitteln, wie auch erweichenden Zäpfchen zugesetzt. Für sich allein so viel wie eine Obole [= 1,56 Gramm] im Zäpfchen eingelegt, treibt er die Menstruation und den Embryo aus, in den After als Zäpfchen gebracht macht er Schlaf. (...) Die frischen Blätter sind mit Graupen als Umschlag ein gutes Mittel bei Entzündungen an den Augen und an Geschwüren; sie zerteilen auch alle Verhärtungen und

Abzesse, Drüsen und Geschwülste; sie bringen ferner Male ohne Eiterung weg, wenn sie fünf bis sechs Tage sanft aufgerieben werden. Zu demselben Zwecke werden die Blätter in Salzlake eingemacht und aufbewahrt. Die Wurzel, mit Essig fein zerrieben, heilt Rose, mit Honig oder Öl dient sie gegen Schlangenbisse, mit Wasser verteilt sie Drüsen und Tuberkeln, mit Graupen lindert sie auch Gelenkschmerzen. Aus der Wurzelrinde wird ferner ohne Kochen ein Wein bereitet; man muß dann 3 Minen [zirka 1,5 Kilo] in 1 Metretes [36,4 Liter] süßen Weines geben und davon 3 Becher denen reichen, welche geschnitten oder gebrannt werden sollen, wie oben gesagt ist, denn, sie empfinden wegen des Verfallens (in tiefen Schlaf) keine Schmerzen. Die Äpfel aber sind durch den Geruch und den Genuß betäubend, ebenso der aus ihnen gewonnene Saft, im Übermaß aber genossen, nehmen sie die Sprache weg. Der Same der Äpfel, getrunken, reinigt die Gebärmutter, mit Jungfernschwefel im Zäpfchen eingelegt stillt er den roten Fluß. Aus der Wurzel wird aber der Saft gezogen, indem sie mehrfach eingeschnitten und er in einer Höhlung aufgefangen wird; der ausgepreßte Saft ist aber kräftiger als der so ausfließende. Die Wurzeln liefern übrigens nicht in jeder Gegend [natürlichen] Saft, dies zeigt die Erfahrung.
Man berichtet, es gäbe noch eine andere, ***Morion*** [von ***moria*** = ›Stumpfheit der Sinne‹ oder ***morion*** = ›männliches Glied‹] genannte Art [vielleicht die ***Mandragora turcomanica*** oder ***M. caulescens***], welche an schattigen Plätzen und um Felsenhöhlen wächst; sie hat Blätter wie die weiße Mandragora, aber kleiner und etwa spannenlang, weiß, kreisförmig um die Wurzel gestellt, welche zart, weiß, etwas größer wie eine Spanne und daumendick ist. Diese, in der Gabe von einer Drachme [zirka 3,8 Gramm] getrunken oder mit Graupen im Brot oder in der Zukost genossen, soll tiefen Schlaf bewirken; es schläft nämlich der Mensch in derselben Stellung, in welcher er sie genossen hat, ohne jede Empfindung drei bis vier Stunden von da ab, wo sie eingenommen ist. Auch diese gebrauchen die Ärzte, wenn sie schneiden oder brennen wollen. Die Wurzel soll auch ein Gegenmittel [antidoton] sein, wenn sie mit dem sogenannten ***Strychnos manikos***[63] genommen wird.«
(DIOSKURIDES IV, 76)

Die betäubende und zugleich aphrodisierende Wirkung der Alraune fand ihren Niederschlag auch in der nicht-medizinischen Literatur. Der Athener SOKRATES-Schüler, Historiker und Philosoph XENOPHON (etwa 430-355 vor Christus) schrieb über die Alraune: ***o mandragoraß toyß anuropvpoyß komizei***, »die Mandragora schläfert alle Menschen ein« (***Symposion*** 2, 24). PLUTARCH (50-125 nach Christus) kennt die hypnotische Wirkung und gibt als wirksame Dosis 2 Obolen (= 3,12 Gramm) an (***Moralia***). Auch LUKIAN (um 120-180 nach Christus) führt an, dass Mandragora einschläfernd wirkt (***Timon 2, Dem. Enc.*** 36).
Die Märcheninsel Hypnos (»Schlaf«), das Eiland der dunkel aufsteigenden Träume, ist der Ort, »wo nur hoch aufgeschossener Mohn [***Papaver somniferum***] wuchert und Mandragoren blühen, umflattert von stillen Schmetterlingen, den einzigen Vögeln dieses Landes.« (LUKIAN, ***Verae historiae*** II, 33)
Von einer Komödie des attischen Dichters ALEXIS (um 372-270 vor Christus) ist ein winziges Fragment von 32 Versen überliefert, das den Namen ***Mandragorizomeyn***, »Die durch Mandragora betäubte Frau« trägt. Aus dem Fragment geht die Benutzung der Alraune zu Liebeszwecken hervor (SCHLOSSER 1987: 46; STARCK 1986: 8, 15).

Ob die Alraune – ähnlich wie das Bilsenkraut (RÄTSCH 1987) – in den schamanischen Praktiken der Seher und Seherinnen des alten Griechenland[64] benutzt wurde lässt sich anhand der dürftigen Quellenlage nicht entscheiden. Auch ein Gebrauch in Mysterienkulten ist bisher nicht nachzuweisen. Immerhin scheint die Alraune in schamanischen Kulten und Initiationen im dynastischen Ägypten, sowie in der Spätantike in der alexandrinischen Alchemie eine bedeutende Rolle als psychoaktive Droge gespielt zu haben (EMBODEN 1989).

---

63 Diese bisher nicht sicher identifizierte Pflanze wird von vielen Autoren als Gemeiner Stechapfel (***Datura stramonium***) gedeutet. Diese vermutlich aus Indien oder vom Kaspischen Meer stammende Pflanze wurde verschiedentlich als das tranceinduzierende Rauschmittel der Pythia angesehen (MEHRA 1979: 167). Von der Wirkung des »Rasendmachers« (manikon) berichtet PLINIUS, »man bekomme Scheingestalten und Wahnbilder vorgegaukelt« (XXI 178).

64 Im archaischen Griechenland scheint der Schamanismus noch weit verbreitet gewesen zu sein. In klassischer Zeit waren immerhin noch schamanistische Praktiken (ekstatische Divination) von großer Bedeutung (ELIADE 1992).

Der Mandragorenwein

Möglicherweise kannten die Ägypter ein alraunenhaltiges, weinartiges Getränk, das ***sdh*** hieß und von den Weingütern produziert wurde. Es wurde offensichtlich nicht aus Trauben gekeltert, sondern aus Granatapfelsaft (HELCK 1971: 51; LESKO 1978: 27, 35) gewonnen. Das ***sdh***-Getränk wird in den Texten als berauschender Wein beschrieben, in den Liebesliedern als Aphrodisiakum gepriesen und war ein beliebtes Trankopfer (CRANACH 1981: 266). Viele Trinkgefäße der Ägypter waren der Lotusblüte nachempfunden. Das ist insofern von Bedeutung, als der Lotus in den Pyramiden-Texten im Zusammenhang mit dem ***sdh***-Getränk genannt wird und beide Pflanzen – Lotus (***Nymphaea caerulea, Nymphaea lotus***) und Alraune – in der ägyptischen Kunst und Ikonographie häufig als symbolträchtiges Paar auftauchen (EMBODEN 1989).

Bei den Griechen war es verbreitet, die frische oder getrocknete Wurzel in Wein einzulegen und als Liebestrank zu genießen (RUCK 1982). DIOSKURIDES überliefert ein komplettes Rezept zur Herstellung des Mandragorenweines:
»Zerschneide die Rinde der Wurzel und gib 1/2 Mine [= 8 Unzen – 240 Gramm], in Leinen gebunden, in 1 Metretes [= 36,4 Liter] Most drei Monate lang, dann gieße den Wein um.
Die mittlere Gabe ist 1/2 Kotyle [= 5 Unzen – 150 Gramm]. Er wird getrunken unter Zusatz von doppelt so viel Most. Man sagt, dass 1 Hemine [= 10 Unzen – 300 Gramm] davon 1 Chus [= 10 Pfund – 3.600 Gramm] zugemischt Schlaf mache und betäube; 1 Becher mit Xestes [= 1 Pfund – 240 Gramm] Wein getrunken tötet. Beim richtigen Gebrauche wirkt er schmerzstillend und die Flüsse verdichtend.
Ob er in der Räucherung, als Klistier oder als Trank angewandt wird, er hat dieselbe Wirkung.« (V, 81)

In Rom war der Mandragorenwein ebenfalls gut bekannt. Auch PLINIUS führte an, dass aus Alraunen ein Wein gewonnen wird (XIV 111) veröffentlichte aber leider kein entsprechendes Rezept.

Venus und die Alraune (Holzschnitt aus ***Dialog der moralisierten Geschöpfe***, Genf, 16. Jahrhundert).

Die folgende Textstelle bei LUKIAN könnte eine Beschreibung des antiken Mandragorenweines sein:
»Inzwischen schenkte mir der abgefeimte Gauner [...] ich weiß nicht was für einen Gifttrank ein, süß zwar und lieblich duftend, aber dabei äußerst heimtückisch und sinnverwirrend; denn sogleich, nachdem ich getrunken hatte, schien alles sich um mich herumzudrehen, die ganze Höhle stand umgekehrt, kurz, ich war nicht mehr recht bei mir selbst, schließlich versank ich in einen tiefen Schlaf.« (***Meergöttergespräche*** II)

Als Rekonstruktion der wenig erhaltenen Angaben gab ich zur Herstellung eines Mandragorenweines eine Hand voll (zirka 23 Gramm) zerkleinerter Alraunenwurzeln (***Mandragorae Radix*** conc.) in eine Flasche Retsina (0,7 Liter). Das Gemisch ließ ich eine Woche stehen. Die Wurzelstücke verblieben im Wein bis er geleert wurde. Um den stumpfen, erdigen und leicht bitteren Geschmack zu verbessern, kann man auch zwei bis drei Zimtstangen und einen Esslöffel Safran hinzufügen. Die wirksame Dosis liegt bei einen Likörglas (40 bis 60 Milliliter) (siehe hierzu auch Protokoll von CHRISTIAN RÄTSCH, Seite 28)

Die Alraune in der römischen Literatur

Die Mythologie von der Menschen-Wurzel war auch in Rom bekannt. Lucius Iunius Medratus COLUMELLA (1. Jahrhundert nach Christus) schrieb ein langes Werk über die Landwirtschaft (***De re rustica***). Im 10. Buch, das ausschließlich in Hexametern verfasst ist, nannte er die Alraune ***planta semihominis***, »Halbmenschenpflanze«:

»Obzwar aus giftiger Wurzel
in der Gestalt eines halben Menschen sprießend,
die Blüte der Mandragora treibt ...«
(***Res. rust.*** X, 19f.)

Der römische Naturkundler und Gelehrte GAIUS P. SECUNDUS PLINIUS, genannt der Ältere (23-79 nach Christus), verfasste mit seiner ***Historia naturalis*** die besterhaltene Naturgeschichte des Altertums. Dort taucht die Alraune (***Mandragora***) oft im pharmakologischen Zusammenhang auf. Im 25. Buch wird sie ausführlich beschrieben:

»Neben vielen anderen Verwendungen gab es einige Leute, die darin kundig waren, die Alraune für die Augen zu gebrauchen, aber in jüngerer Zeit ist diese Verwendung in Vergessenheit geraten. Es ist eine gut belegte Tatsache, dass die Wurzel mit Öl und Wein zerstoßen ein Heilmittel bei Defluxion der Augen[65] und Schmerzen in diesen Organen ist, und tatsächlich ist der Saft dieser Pflanze immer noch ein Bestandteil vieler Arzneien für die Augen. Manche Personen geben ihr den Namen ***Circæon***. Es gibt zwei Arten, die weiße, von der man im Allgemeinen glaubt, sie sei männlich [***Mandragora officinarum***], und die schwarze, die für die weibliche gehalten wird [***Mandragora autumnalis***]. Sie hat Blätter die schmaler als die des Lattichs [***Lactuca sativa*** var. ***longifolia***] sind, einen behaarten Stengel [?] und eine zwei- oder dreifache Wurzel, außen schwarz, innen weiß, weich und fleischig und fast eine Elle

65 Der Begriff Defluxion ist heute nicht mehr gebräuchlich. Vermutlich bezeichnet es eine Abweichung der natürlichen Linsenkrümmung des Auges.

lang. Beide Arten tragen eine Frucht in der Größe einer Haselnuß, die die Samen, die wie Kerne von Birnen aussehen, umschließt. Einige nennen die ganze Pflanzen ***Arsen*** [von griechisch ***arsino***, ›männlich‹], andere ***Morion*** [vgl. DIOSKURIDES] und wieder andere ***Hippophlomos***. Die Blätter der einen sind weiß, während die der anderen breiter sind und denen der kultivierten Lapathum [***Rumex*** sp.] ähneln. Das Ausgraben geschieht, nachdem man sich überzeugt hat, dass kein entgegengesetzter Wind herrscht, und nachdem man, das Gesicht gegen Westen gerichtet, mit dem Schwerte drei Kreise gezogen hat. Der Saft wird aus den Früchten und den Stengeln, von denen die Spitze entfernt wurde, gepreßt; auch aus der Wurzel, die dafür durchbohrt wird; oder es wird daraus ein Dekokt gewonnen. Die Staubfäden [?] der Wurzel werden auch verwendet, manchmal werden sie zerschnitten in Wein aufbewahrt. Es ist nicht die Alraune aller Länder, die einen Saft produziert; wenn sie aber einen liefert, so wird er zur Zeit der Weinlese gesammelt. Sie hat dann einen starken Duft, den der Wurzel, aber am meisten den der Frucht. Die Frucht wird gesammelt, wenn sie reif ist; sie wird im Schatten getrocknet, und der Saft, wenn er extrahiert wurde, wird in der Sonne eingedickt. Dasselbe wird mit dem Saft der Wurzel gemacht, der entweder durch Zerdrücken oder durch Einkochen mit Rotwein auf ein Drittel gewonnen wird. Die Blätter werden am besten in einer starken Lake [Salzwasser] aufbewahrt; ihr Saft ist ein unheilvolles Gift; diese schädliche Eigenschaft wird auch nicht durch die Lake gänzlich aufgehoben, wenn die Blätter darin aufbewahrt werden. Ihr spezifischer Geruch drückt auf den Kopf, aber es gibt Länder in denen die Früchte gegessen werden. Personen, die unkundig ihrer Eigenschaften sind, sind überzeugt davon, dass sie vom Duft dieser Pflanze stumm würden, und dass eine zu hohe Dosierung des Saftes tödlich wirke. Gibt man eine Dosierung, die der Kraft des Patienten angemessen ist, hat der Saft eine betäubende Wirkung; eine mittlere Dosierung (...) wird auch bei Verwundungen durch Schlangen und bevor der Körper geschnitten oder punktiert wird gegeben, um die Schmerzempfindlichkeit zu senken. In der Tat, für diesen Zweck reicht bei einigen schon der Duft, um sie zu betäuben. Der Saft wird auch anstelle von Nieswurz [***Helleborus***] in der Menge (...) Es gibt noch ein paar wunderbare Geschichten über diese Pflanze. Von der Wurzel wird gesagt, sie würde sehr ähnlich wie die Zeugungsorgane beider Geschlechter aussehen. Sie wird zwar selten gefunden, aber wenn eine Wurzel wie das männliche Organ aussieht und in den Besitz eines Mannes gerät, so wird sie ihm die Liebe einer Frau sichern. Auf diese Weise wurde der Lesbier Phaeon auf so leidenschaftliche Weise von der Sappho geliebt. Über diese Sache wurde viel berichtet, nicht nur von den Magiern sondern auch von den pythagoreischen Philosophen.« (XXV 147-150)[66]

Erstaunlicherweise lassen sich weder PLINIUS noch DIOSKURIDES über die psychoaktive Wirkung der Alraune aus. Kaum vorstellbar, dass sie ihnen nicht bekannt war. Aber PLINIUS scheint doch eher ein Theoretiker gewesen zu sein, der einen klaren Kopf behalten wollte, und die Alraune (wie auch viele andere psychoaktive Pflanzen) wohl nur vom Hörensagen kannte (vgl. ALLIOTTA et al. 1994; MARTINI 1977).

PLINIUS führt verschiedene einfache oder zusammengesetzte Heilmittel an, die als (Haupt)-Wirkstoff einen wässrigen Auszug von Alraunenwurzeln enthalten und gegen Hautkrankheiten, Geschwüre, Gelenkschmerzen und Linderung von Menstruationsbeschwerden eingesetzt werden. In einem Kapitel schildert er Strategien von Tieren, die sich unter anderem durch den Verzehr von Mandragorenfrüchten von diversen Krankheiten kurieren.

Im bekanntesten Schelmenroman der Spätantike, den ***Metamorphosen*** (= ***Der Goldene Esel***) des APULEIUS (2. Jahrhundert nach Christus), berichtet der Held Lucius von Zauberpraktiken und Hexereien der Bewohner von Thessalien. Er schildert thessalische Hexen, die die Kunst beherrschen, Alraunmännchen zu beleben und nach ihren Wünschen

---

66 Es konnte bisher nicht eindeutig geklärt werden, ob PLINIUS für seine pharmakologischen Ausführungen den DIOSKURIDES als Vorlage benutzt hat, oder ob sowohl PLINIUS als auch DIOSKURIDES aus den gleichen Quellen geschöpf haben.

auszuschicken, um Schadenzauber zu bewirken und beschreibt eine vorgetäuschte Vergiftung mit Alraunensaft: »Also gab ich ihm nicht Gift, sondern nur Alraunensaft, der, wie bekannt, einen plötzlichen, todähnlichen Schlaf bewirkt.« (***Metamorphosen*** X, 11)

Der Arzt und Naturforscher AULUS CORNELIUS CELSUS erwähnt Alraunenfrüchte als Schlafmittel und benutzte die Wurzel bei Schleimfluss der Augen und die Abkochung der Wurzel als Mittel bei Zahnschmerzen (121 III Kapitel 18). Gegen Schlafstörungen empfahl er, Alraune mit Opium und Bilsenkrautsamen in Wein zu zerquetschen.

Römische Autoren führen eine Reihe von Komposita an, wobei Alraune als Hauptinhaltsstoff genannt wird. RUFUSÂVON EPHESUS (1. Jahrhundert nach Christus) mischte ein Wurzeldekokt mit Mohn (***Papaver somniferum***) und Kamille (***Chamomilla recutita***) (TERCINET 1950: 24). Von dem berühmten Arzt GALEN (131-210 nach Christus) ist ein interessantes Rezept für ein zusammengesetztes Präparat überliefert. Die Alraunenwurzel wird, mit Myrrhe (***Commiphora*** sp.), Kassia (***Cinnamomum cassia*** BLUME), Zeder (***Cedrus libani*** RICH.), Pfeffer (***Piper*** spp.), Safran (***Crocus sativus***) und Bilsenkrautsamen (***Hyoscyamus niger***) vermischt, als Schmerzmittel auf die entsprechenden Körperpartien aufgetragen (XIII 92). Die Bedeutung der Alraune als Schmerzmittel wird vielfach bestätigt, zum Beispiel auch von SERENUS SAMONICUS (1. Jahrhundert nach Christus). Bis in die Renaissance hinein waren Alraunenpräparate die einzig bekannten Anästhetika (SCHMITZ und KUHLEN 1989).

Offensichtlich wurden Alrauen in römischer Zeit auch als »biologische Kampfstoffe« eingesetzt. Laut POLYAENUS (1. Jahrhundert nach Christus) betäubten sie bei ihrem Feldzug gegen Hannibal und die Karthager eine ganze Armee mit Alraunenwein setzten sie dadurch außer Gefecht gesetzt (*Strat.* V 10,1; vgl. THOMPSON 1968: 102).[67] Alraunen wurden auch zur Herstellung von Liebestränken benutzt (MÜLLER-EBELING und RÄTSCH 1986). So soll der Kaiser Julian »allnächtlich den Mandragorensaft« als Liebestrank genossen haben (nach STEPHANUS, vgl. SCHLOSSER 1987: 22).

Auch nach dem ***Corpus Hippocraticum*** wurde die Alraunenwurzel als Schlaf- und Betäubungsmittel, wie auch als Heilmittel bei psychischen Beklemmungen und Niedergeschlagenheit (Depressionen) verordnet. Die Hippokratiker benutzten Alraune gegen Melancholie (*Corp. Hippocrat.* 420, 19) und bei wütigen Krämpfen (BERENDES 1891: 223). Der Gebrauch von Alraunenwurzeln als Schlafmittel war in der Antike weit verbreitet. Nach ARISTOTELES (384-322 vor Christus) zählt die Alraune neben Opium, Wein und dem Taumellolch (***Lolium temulentum*** L.) zu den Hypnotika, die er in seiner Schrift Über Schlaf und Wachsein als Schlafmittel aufführt.[68]

Auch in der europäischen Volksmedizin wurde die Alraune verwendet. »Diese Pflanze wird äusserlich in allen Entzündungen, hitzigen Geschwulsten und aufgetriebenen verhärteten Drüßen gebrauchet. Einige lassen den Saft in die Augen tröpfeln, wider die Hitze und Röthe derselben. Weil diese Pflanze hier zu Lande selten gefunden wird, nimmt man gemeiniglich statt derselben (zum Exempel unter das Unguentum Populeon [= Hexensalbe]) das Bilsen-Kraut [***Hyoscyamus niger***]«, schreibt ELISABETH BLACKWELL in ihrem ***Kräuterbuch*** (HEILMANN 1984: 94). In Südtirol werden bei Hausgeburten die Gebärenden mit Alraunensaft bestrichen, um Geburtswehen zu lindern (FINK 1983: 238).

---

[67] Gustave FLAUBERT hat dieses in seinem historischen Roman ***Salammbô*** (1862) thematisiert (12. Kapitel).

[68] KREUTER 1982: 24, STARCK 1986: 8 RÄTSCH, Die Alraune in der Antike, Part 1, Ausdruck 3. August 2004, Seite 12 / 64

Die Alraune in christlicher Zeit

»Diese medizinischen Wirkungen sind Tatsache,
die magischen aber - wenn sie überhaupt erfolgen –
sind auf Aberglauben mit Autosuggestion
oder auf dämonischen Einfluß zurückzuführen.«
(FORSTNER 1986: 194f)

Die Mandragora ist von der Aura einer obskuren, gefahrenumwitterten Zauberpflanze umgeben. Im Dunstkreis ihres Namens stehen Hexengebräue und dubiose Machenschaften geschäftstüchtiger Scharlatane. Ihre botanische Zuordnung zur Familie der Nachtschattengewächse (Solanacea) durch LINNÉ[69] im 18. Jahrhundert trug auch auf wissenschaftlicher Ebene zum Ruf ihrer Gefährlichkeit bei.
Wie nebulös unsere Kenntnis von der wahren Natur der magischen Wurzel auch immer ist, beruht die vorherrschende Einstellung zur Alraune bis heute zweifellos auf historischen Fakten. Die spannende Frage ist nur – auf welchen?

Mehr als uns lieb ist, wird unser Fühlen und Handeln von archaischen Prinzipien beherrscht, nach dem Motto: »Was der Bauer nicht kennt, (fr)ißt er nicht«. Dieser Volksmund illustriert drastisch, dass sich Menschen nur an Speisen wagen, die ihnen von frühester Kindheit an vorgesetzt wurden. Nicht anders verhält es sich mit geistiger Nahrung. Der sprichwörtliche Bauer verweist auf ein aus der Mode gekommenes Modell eines Menschen, der niemals den beschränkten Horizont des

[69] Die wissenschaftliche Taxonomie bezieht sich morphologisch auf den Aufbau der Blüten und pharmakologisch auf das Vorhandensein von Alkaloiden (Chemotaxonomie) oder charakteristischen Inhaltsstoffen.

angestammten Dorfes verließ. Unsere Lebensumstände haben sich inzwischen mächtig verändert. Heute essen wir beim Inder und Italiener. Doch wagen wir deshalb einen Blick »über den eigenen Tellerrand«?

Was unsere Vorstellungen von der Mandragora betrifft, zeigt der folgende Abstecher zu den Wurzeln unserer Geschichte, wie sehr uns die Macht der Gewohnheit im Griff hält – weil wir uns schlichtweg darüber keine Gedanken machten. Erforschen wir also den Strom der Geschichte – genauer gesagt das christliche Weltbild – nach dem überlieferten Bild der magischen Wurzel.

Die Christianisierung Mitteleuropas hatte beträchtliche Umwälzungen zur Folge. Sie bescherte uns die bis heute gültige Einteilung der Geschichte in Epochen vor und nach Christi Geburt. Manche Aspekte der griechisch-römischen Antike gingen in unsere »humanistische Bildung« ein. Von den Grundmauern des heidnischen Weltbildes blieb jedoch im Verlaufe des jahrhundertelangen Prozesses der Christianisierung kaum ein Stein auf dem anderen. Die »frohe Botschaft« des Christentums, das im 3. Jahrhundert nach Christus im einst römischen Weltreich zur Staatsreligion avancierte, veränderte das Verhältnis zwischen Mensch und Natur nachhaltig.

Bis dahin hatten die polytheistisch orientierten Völker des römischen Reiches die Kräfte der Natur mitsamt ihrer Elemente wie Feuer, Wasser, Luft, Äther und Erde sowie ihrer Pflanzen und Tiere als heilig verehrt. Nun aber mußten

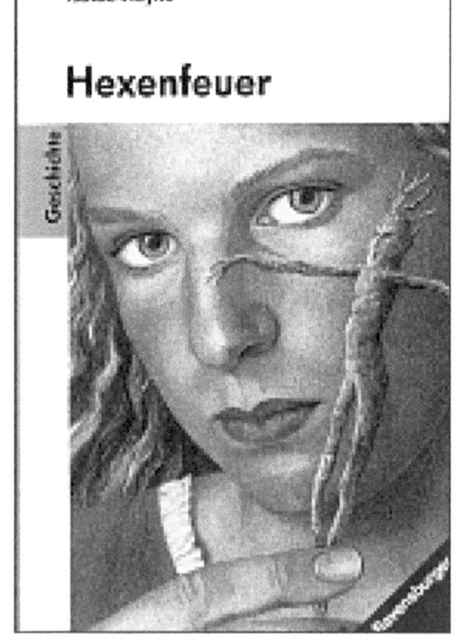

Wie dieses Titelbild vom Ravensburger-Verlag zeigt, wird die Alraune noch immer populär mit dem Hexenwesen gleichgesetzt.

sie sich der gewaltsamen Bekehrung zum neuen monotheistischen Glauben beugen, der keine fremden Götter (ganz zu schweigen von Göttinnen) neben sich duldete und ihre Naturverehrung als heidnischen Götzendienst geißelte. Die Wunder der Natur wurden dem Wirken einer allein gültigen geistigen Macht untergeordnet, die sie erschaffen hatte: dem Weltherrscher Christus Pantokrator; der Heiligen Dreifaltigkeit Gottvater, Sohn und heiliger Geist! So beten gläubige Katholiken vor jeder Mahlzeit: »O Herre Christ, wir danken Dir für Speis und Trank!«

Das christliche Dogma, »den Schöpfer anstelle seiner Geschöpfe zu verehren«, war keine theologische Spielerei sondern schuf die geistigen Grundlagen zur Verteufelung der Natur. Die früheste überlieferte Quelle der visionären Äbtissin HILDEGARD VON BINGEN aus dem 11. Jahrhundert belegt, dass damit die Weichen zur Dämonisierung der seit der Antike geschätzten Ritual- und Heilpflanze Mandragora gestellt wurden:
»Die Alraune ist warm und etwas wässrig und ist von jener Erde verbreitet worden, aus der Adam geschaffen wurde; sie ähnelt etwas dem Menschen. Jedoch ist bei diesem Kraut, auch wegen seiner Ähnlichkeit mit dem Menschen, mehr teuflische Einflüsterung als bei anderen Kräutern dabei und stellt ihm nach. Daher wird auch der Mensch gemäß seinen Wünschen, seien sie gut oder schlecht, durch die Alraune angetrieben, wie er es auch einst mit den Götzenbildern machte. [...] Sie ist schädlich durch vieles Verderbliche der Zauberer und Trugbilder, wie denn auch einst viel Schlimmes mit den Götzenbildern getrieben wurde.« (***Physica*** I,56)

Daimon und Dämonen

Die von der Äbtissin erwähnte »teuflische Einflüsterung« zeugt von einer neuen Wahrnehmung des einst ob seiner Heilkraft gerühmten Pflanzengeistes, die auf der christlichen Umwertung des antiken Begriffes Daimon basiert.

»Denn die bei Dämonen vollständige [...] Konnotation als negativ, zerstörerisch, menschenfeindlich konnte erst zustandekommen, nachdem das Christentum die heidnischen Götter und Gestalten, die man sonst auch im guten, ambivalenten oder neutralen Sinne als Geister oder Dämonen hätte bezeichnen können, verdammt und abgewertet hatte« (RAC 9, 546).

Die Griechen verstanden unter einem Daimon nicht Negatives. Sie bezeichneten damit Natur- oder Schutzgeister oder sprachen von ***daimon***, »wenn eine augenblicklich bemerkbare göttliche Wirksamkeit hervorgehoben werden soll, [oder] wenn man nicht weiß, mit welcher Gottheit man es zu tun hat« (RAC 9, 600f.). Das polytheistische Pantheon kennt unzählige Götter, Göttinnen und Naturgeister und überlieferte deren ambivalentes Wesen und Wirken in vielen Mythen, welche die zyklisch verlaufenden Naturprozesse veranschaulichen. Die Menschen der Antike waren in das komplexe Wechselspiel der Natur eingebunden. Von den Göttern und Göttinnen, die ihre Geschicke lenkten, leiteten sie keine für andere Völker verbindliche Alleinherrschaft ab.

Mit der Einführung der neuen Religion wehte ein anderer Wind durch die heiligen Haine unserer heidnischen Ahnen. Die schöpferischen Kräfte der Natur wurden der Allmacht des nunmehr einzig herrschenden christlichen Gottes überantwortet. Gemäß der Bibel waren sie fortan seinem Geschöpf, dem Menschen, untertan.
Die monotheistische Perspektive entwöhnte ihre Anhänger von der Wahrnehmung ambivalenter, zyklischer und relativ gültiger Kräfte und ersetzte diese durch die dualistische Aufspaltung in Gut und Böse und ein linear ausgerichtetes Weltbild, das seinen Anspruch auf Alleinherrschaft mit Feuer und Schwert verteidigte.[70]

---

70 Die hier nur grob skizzierten monotheistischen Prinzipien treffen gleichermaßen auf die israelitisch-jüdische Religion und den Islam zu.

Magie und Mysterium

Auch HILDEGARDS[71] Bemerkung, die Alraune sei schädlich »durch vieles Verderbliche der Zauberer und Trugbilder«, folgt dem Monopolanspruch, der sich durch Christi Wundertaten auch auf Orakel, Weissagungen und Heilungen bezog. Wie der Kirchenvater Athanasius (um 295-373) in seiner um 356 entstandenen Hagiographie des Heiligen Antonius ausführte, wurden die Orakel der Heiden früher von den Dämonen in die Irre geführt – »bis der Herr kam, der die Dämonen mitsamt ihrer Verschlagenheit als wirkungslos abwies« (ATHANASIUS 1987: 59).

Auch magische Rituale wurden in heidnisch-dämonische und christlich-göttliche unterschieden. Die einen wurden mit aller Kraft von der Kirche verunglimpft und bekämpft, die anderen in die biblische Offenbarung integriert.

Von den beiden Alraunen-Zitaten im Alten Testament war bereits im Kapitel »Duftende Liebesäpfel« die Rede. Einen dritten, wenn auch sehr verborgenen »Hinweis auf die Mandragora in den Evangelien« erkennt der Engländer Hugh J. SCHONFIELD in seinem Buch ***The Passover Plot*** in der Tatsache, dass Jesus am Kreuz ein in Essig getränkter Schwamm gereicht wurde. Schonfield ist der Ansicht, dass der Essig Mandragorasaft enthielt, der einen todesähnlichen Zustand bei Christus hervorgerufen habe. »Auf diese Weise wollte man ihn so schnell wie möglich vom Kreuz abnehmen, um ihn mit der Hilfe von Ärzten wieder zum Leben erwecken zu können. Der Plan schlug fehl, als einer der Söldner – unerwartet und völlig regelwidrig – Christus die Lanze in die Seite stieß.« (HANSEN 1981: 27f.)

Auf die narkotische Wirkung der Mandragora spielt auch Cyrill von Alexandrien an, indem er diese symbolisch auf das Mysterium Christi bezieht. Durch seine Passion sei der menschgewordene Gott »gleich-

[71] Die bis heute als Seherin und Urheberin visionärer Schriften verehrte HILDEGARD VON BINGEN (1098-1179*) musste sich zeitlebens selbst gegen den Ruch der als heidnisch diskreditierten germanischen Albrunas verteidigen. Ihre Heiligsprechung erfolgte erst 1324.

sam ein vom Mandragoratrank Betäubter« geworden: »Wie einer, der in tiefen Schlaf sinkt, also ist er zu uns herabgekommen in die Vernichtung bis zum Tode, um dann wieder zum Leben aufzuwachen.« (zitiert von FORSTNER 1986: 195) – und DOROTHEA FORSTNER weiter: »Andere heilige Schriftsteller deuten das narkotische Mittel auf die mystische Kontemplation, in der Gott die Seele berührt und über sich selbst emporreißt, gleich der von der Erde gelösten Wurzel« (FORSTNER 1986: 196)

In der Tat war es eine römische Sitte, dem Gekreuzigten einen Alraunenwein zu verabreichen, der in der frühmittelalterlichen Literatur (5. Jahrhundert) als morion, »Todes-[Trunk]«, bezeichnet wurde, (THOMPSON 1968: 225). Bis in die frühe Neuzeit war es weit verbreitet, den Verurteilten vor der Strafvollstreckung – das hieß damals Marter, Folter und anschließende Exekution – Alraunenpräparate zu verabreichen. Aus diesem Zusammenhang erklärt sich auch die Geschichte von der Alraune als Galgenmännlein (siehe SCHLOSSER 1987; vgl. BECKMANN 1990: 130):

»Also träufelten die Henker den Saft zerquetschter Samen [von ›Bülsen (= Bilsenkraut), roten und tollen Tüfus-Beeri (= Alraunen- und Tollkirschenfrüchte)‹ oder Fliegenpilz] in das Wasser, mit dem sie, nur scheinbar herzlos, die Ohnmächtigen während der Folter erfrischten und zu neuen Qualen erweckten.« (GOLOWIN 1970: 30)

Somit basieren die erwähnten Vorstellungen von der Alraune auf historischen Voraussetzungen, welche die antiken Überlieferungen christlich einfärbte und polarisierte. Dadurch wurde der ambivalente Charakter der potenten Heil- und Zauberpflanze – dem die antiken Gelehrten mit entsprechenden Dosierungs- und Ritualvorschriften begegnet waren – einer größtenteils verunglimpften und dämonisierten Magie zugeschlagen.

Die Alraune in der Kunst

Vergegenwärtigen wir uns zunächst folgendes: Mehr als 1.500 Jahre stand die europäische Kunst ausschließlich im Dienste der Religion. Neben der Kirche traten in der Renaissance adlige Auftraggeber von Kunstwerken auf den Plan und im Barock ein wohlhabendes Bürgertum. Doch auch sie gaben – außer mythologischen Szenen, Portraits, Apotheosen ihrer Herrschaft oder Genrebildern – vorwiegend religiöse Themen in Auftrag. Das änderte sich erst im 18./ 19. Jahrhundert, als sich die Gesellschaft von der Kirche löste, die Kunst sich weltlichen Einflüssen öffnete und die Künstler sich auf dem freien Markt behaupten mussten.

Somit hatten bis zu dieser Zeit nur religiöse Themen Aussicht auf eine Karriere in der bildenden Kunst. Darstellungen der Natur, von Pflanzen oder Tieren, wurden lange nur im religiösen Kontext beachtet und erschlichen sich nur über solche Umwege als selbständige Sujets einen würdigen Platz.

Was die Mandragora betrifft, hätte es diesbezüglich düster ausgesehen – wäre sie nicht mehrfach in der Bibel erwähnt worden. Vor allem die Auslegungen zum »Hohelied Salomos« (von denen im folgenden Kapitel die Rede sein wird) verschafften ihr Eintritt in die Kunst – wenn auch nicht in die heiligen Hallen der Altäre, Tafelbilder oder Ölgemälde.

Ihre durchaus häufige Darstellung in Holzschnitten und Illustrationen verdankt die Wurzel drei Aspekten:

Epinoia, die Göttin der Denkkraft überreicht dem Vater der Medizin, Dioskurides, eine Alraune, die der Illustrator (links) nach dessen Anweisungen zeichnet. (Buchillustration aus dem ***Codex Vindobonensis*** med. graec. 1, um 512 nach Christus)

- ihrer antiken Bedeutung als prominente Heilpflanze
- dem Sagenschatz, der sich um sie rankte
- und den magischen Hinweisen auf ihre gefahrlose Bergung

Diese drei Aspekte sind in Wort und Bild meist miteinander verwoben. Bezüglich des (von orientalischen und antiken Gelehrten) tradierten, botanischen und medizinischen Wissens zur Alraune galten Dioskorides' Arzneimittellehre und Plinius' Naturgeschichte über Jahrhunderte als unangefochtene Referenzwerke, von denen nachfolgende Generationen fleißig abschrieben. In ihren Angaben mischen sich Naturbeobachtungen und empirische Daten mit Sagen, Mythen und magischen Ritualen, denen die Illustratoren ihre besondere Aufmerksamkeit widmeten.

Ausgehend von den Hinweisen auf eine »männliche« Frühlingsalraune (***Mandragora officinarum***), eine »weibliche« Herbstalraune (***Mandragora autumnalis***) und die Menschenähnlichkeit der Wurzel zeichneten sie die Pflanze als Weibchen und Männchen. Seit dem 12. Jahrhundert war vor allem die magische Bergung der Wurzel immer wieder Gegenstand von Illustrationen in Kräuter- und Gesundheitsbüchern (HEILMANN 1973).[72]

Ein männlicher und weiblicher Alraun umrahmen den Heilgarten (Titelblatt: ***Gart der Gesundheit***, Antwerpen, 1533 + 1547)

[72] 1974 wurde den Alraunenillustrationen vom 15. bis 17. Jahrhundert in Prag eine eigene Ausstellung gewidmet (VRCHOTKA 1974).

Erst LINNÉ (1707-1778) ersetzte die kunterbunte Mischung von Dichtung und Wahrheit durch eine botanische Systematik, was die Grundlage für unser modernes Verständnis von Wissenschaft schuf und Künstler zu naturgetreuen botanischen Darstellungen inspirierte.

Die über Jahrhunderte ausgeschmückten Sagen zur Entstehung der Wurzel, ihrem bevorzugten Fundort auf Galgenbergen, ihrer magischen Verwendung als Glückspuppe bis hin zur schaurigen Belebung als Homunculus lagerten sich im Volksglauben ab (siehe Kapitel »Magische Praktiken«). Ihre meist drastischen bildlichen Umsetzungen in billigen Drucken, die vor allem im 19. Jahrhundert populär waren, sorgten dafür, dass die folkloristischen Vorstellungen rund um die Mandragora im kollektiven Bewusstsein verwurzelt blieben. Als sensationell aufgeputschte Versatzstücke leben sie in der Trivialkunst der Gegenwart weiter (siehe dazu das Kapitel weiter unten).

Schon immer waren Darstellungen der Alraune untrennbar mit dem Wort verbunden. Theologen, Naturgelehrte und Verfasser von Streitschriften wider die Magie inspirierten Künstler zu Bildern und diese wiederum beflügelten die Fantasie der schreibenden Zunft.

Eine (freilich nur exemplarische) Liste von Werken der Weltliteratur, in denen die Mandragora erwähnt wird, würde deutlich machen, dass der magische Aspekt der Zauberwurzel diesen Wechselprozess stimulierte und in beiden Sparten der Kunst fantastische Ausrichtungen begünstigte.[73] Die Rede ist von APULEIUS (***Metamorphosen = Der Goldene Esel***), WILLIAM SHAKESPEARE (***Romeo und Julia, Macbeth***, u.a.), E.T.A. HOFFMANN (***Der kleine Zack***), WOLFGANG VON GOETHE (***Faust***), GUSTAVE FLAUBERT (***Salammbô, Die Versuchung des heiligen Antonius***), bis hin zu MARCEL SCHWOB (***Le Roi au Masque d'Or***) oder GUSTAV MEYRINK. In diesen Dichtungen erscheint die Alraune im Kontext der Zauberei und

---

73 Ein auf Englisch verfaßter Roman, der in Indien spielt, und in dem es um verschiedene psychoaktive Drogen geht, heißt ***Mandragora*** (PALMER 1940).

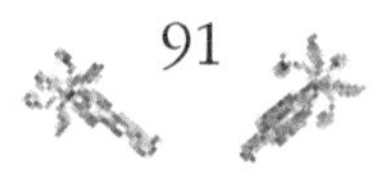

Magie – und diese wiederum basiert ursächlich auf der Verknüpfung von Wort und Bild.

Die gekrönte Wurzel

»Wenn dann in den entscheidenden Tagen
vor dem Kommen des Herrn
die Reste der Heiden und Juden sich bekehren und,
nachdem das Scheinhaupt, der Antichrist, abgeschlagen ist,
wie kopflose Wurzelstöcke dastehen,
dann wird ***Christus das ewige Haupt der Mandragore***.«
(FORSTNER 1986: 196)

Im Mittelalter glaubten die Menschen, die Mandragora sei ursprünglich an der Stelle gewachsen, von der Gott den Stoff zur Erschaffung Adams entnommen hatte. Die menschengestaltige Wurzel wurde somit primordial dem ersten Menschen der biblischen Genesis zugeordnet. Aus dieser Vorstellung leitet HILDEGARD VON BINGEN eine Empfehlung zur Heilung betrübter Gemütszustände ab. Die entwurzelte Pflanze solle einen Tag und eine Nacht im »lebendigen Quellborn« gelegen haben. Alsdann lege man sie neben sich ins Bett, um die Wurzel mit der eigenen Körperwärme zu erwärmen und spreche:
»»O Gott, der Du den Menschen aus Lehm gebildet hast ohne Wehen – sieh, ich lege jetzt dieses Erdenstück neben mich, das niemals gesündigt hat, auf daß auch meine Erde jenen Frieden empfinde, in dem Du sie einst erschaffen hast!«« (HILDEGARD VON BINGEN 1991, Physica I, 56)
Dazu führt die Benediktinerchorfrau DOROTHEA FORSTNER (1986: 196) aus: »Es ist interessant, zu sehen, wie die antike Zauberpflanze hier durch Gebete geheiligt und als physisch-wirksames Symbol zur Erlangung des inneren Friedens angewendet wird!«

Immer wieder wird auf die menschengestaltige Wurzel der Mandragora verwiesen: In der Medizin des Dioskurides, bei den Kirchenvätern, den mittelalterlichen Kommentatoren des Hohenliedes im Alten Testament und bei Konrad von Megenberg, der dem Mittelalter das antike botanische Wissen vermittelte. Indem die christlichen Autoren die Menschenähnlichkeit symbolisch auf die Heilslehre bezogen, folgten sie (wie schon ihre antiken Vorläufer[74]), dem universal gültigen Prinzip, Vorgänge und Erscheinungsformen der Natur gemäß der kulturell tradierten Bilder und Metaphern zu interpretieren. So erkannten sie im Erdreich, in dem die Wurzel steckte, das Walten dämonischer Kräfte. Im kopflosen Wurzelstock sahen sie ein Sinnbild für den ungläubigen Heiden und in der Bergung der Wurzel seine Befreiung von der Macht des Teufels.

»Die seltsame Zauberwurzel [ist], so lange sie noch in der Erde steckt, dämonischen Kräften ausgeliefert und untertan. So muß auch die Radix des Menschen der Macht des Teufels entrissen und gleichsam neu gestaltet werden, um das Heil zu erlangen. Die Mandragore ist also ein Bild des von Adam, dem Erdenmann, entsprossenen Geschlechtes, das tief in der dunklen Erde wuchert, sich aber nach dem Lichte sehnt und die duftende Blüte der Ewigkeit aus dem kopflosen Wurzelstock entfalten will.« (FORSTNER 1986: 196)

Für derlei Interpretationen bot das Hohelied Salomos aus dem Alten Testament eine reich sprudelnde und dankbare Quelle. Das »Lied der Lieder«[75] ist eine Sammlung von Liebes- und Hochzeitsliedern, die dem legendären König Salomo(n) zugeschrieben werden. Theologen gehen davon aus, dass sie in hellenistischer Zeit, nicht vor 300 vor Christus, zusammengestellt wurden. Die Verse überraschen durch ihren Reichtum an erotischen Metaphern, die im Kontext der Bibel befremdlich wirken:

---

74 Nilus von ANKYRA deutet die Auferstehenden, jetzt noch dem Hades Verhafteten als Mandragoren, »denn diese haben eine menschengestaltige Wurzel und sinnbilden damit des Menschen Todgeweihtheit« (RAHNER 1957: 229).

75 Das »Lied der Lieder von Schelomo« (beziehungsweise Salomo) übersetzte Luther als »Hohelied Salomos«.

Auf der Mondsichel stehend und erstrahlt vom Sonnenlicht Jesu Christi umfaßt die Gottesmutter als ***Ecclesia*** (Kirche) das gesamte Universum (Buchillumination von zirka 1380).

»Er küsse mich mit dem Kusse seines Mundes; denn deine Liebe ist lieblicher als Wein. Es riechen deine Salben köstlich; dein Name ist eine ausgeschüttete Salbe, darum lieben dich die Mädchen. Zieh mich dir nach, so wollen wir laufen. Der König führte mich in seine Kammern. Wir wollen uns freuen und fröhlich sein über dich; wir preisen deine Liebe mehr als den Wein. Herzlich lieben sie dich.« (***Hohelied*** 1, 2-4)

Nichts läge näher, als die offenkundige Erotik als Lobpreis der körperlichen Liebe zwischen Liebenden zu deuten. Der biblische Zusammenhang aber gibt nicht nur modernen Lesern Rätsel auf. Da »der klare Wortverstand der Lieder in seinem natürlichen Verständnis als für eine heilige Schrift absolut unwürdig, ja als widersinnig und absurd empfunden werden mußte« (SCHREINER 1981: 85), forderte dies insbesondere Kleriker seit frühchristlicher Zeit zu weitschweifigen theologischen Interpretationen heraus.

Obgleich im Hohelied überaus blumig von allerlei aphrodisierenden, berauschenden Blumen und Getränken, von duftenden Gewürzen und Harzen die Rede ist – nicht aber von der Mandragora – kommt gerade dieser in den unzähligen Exegesen eine herausragende Rolle zu! Zwei Motive wurden dabei immer wieder variiert:

- Der »Duft der Liebesäpfel« (erwähnt im ***Hohelied*** 7, 14)
- Die »kopflose Wurzel«

Wenden wir uns den diesbezüglichen Ausführungen im theologischen Schriftgut zu, mitsamt der bizarr und verstiegen anmutenden bibeltreuen Gleichnisse.[76]

Der süße Wohlgeruch der Kirche

»Da will ich dir meine Liebe schenken.
Die Liebesäpfel geben den Duft,
und an unsrer Tür
sind lauter edle Früchte,
heurige und auch vorjährige:
mein Freund,
für dich hab ich sie aufbewahrt.«
(AT, ***Hohelied***, Vers 7, 11-14)

In Vers 7, 11-14 beschwört eine Frau ihren »Freund« mit ihr aufs Feld hinauszugehen und unter »Zyperblumen« die Nacht zu verbringen.
Den Duft deutete der Kirchenvater Augustinus (354-430) schlicht als »guten Ruf«. Weitaus polemischer führte sein Mitstreiter Ambrosius (340-397) aus, die Heidenvölker hätten einen Verwesungsgeruch verströmt, der einem süßen Wohlgeruch gewichen sei, seit sie an die »Ankunft Christus glauben«.
Diese Duftallegorien orientierten sich insbesondere am Geruch der Alraunenfrüchte und ihrer narkotischen Wirkung. Dabei klingt in den Ausführungen von Bischof Theodoret (zirka 393-460) noch das antike Wissen um die relative, dosisabhängige Wirkung an:
»Wie die Medizinbeflissenen uns sagen, wirke die Mandragore einschläfern, aber, im rechten Maße genommen, nicht tötend. Also soll es der Christ machen: er darf sich nicht töten, aber er soll der Sünde entschlafen.« (Rahner 1957: 224)

[76] Siehe dazu Müller-Ebeling 1987: 141-149.

Der betörend aphrodisische Wohlgeruch der Alraunenfrüchte entlockte WILLIRAM VON EBERSBERG 1060 schließlich folgende detaillierte Auslegung:

»Die Arzt-Wurze duftet gar stark an unseren Pforten. Der Duft der Tugenden an den Aposteln und an ihren Nachfolgern lockt ihre Zuhörer an, so daß sie eilen, durch die Apostel wie durch Pforten ins Leben einzugehen. Ihre Predigt ist ebenfalls wie der Duft der Mandragore; diese zeigt in ihrem Wurzelstock Ähnlichkeiten mit einem menschlichen Leib: denn die Apostel sind allen alles geworden und können mitleiden und sich der Schwäche ihrer Hörer anpassen.« (zitiert von RAHNER 1957: 219)

Gekrönt vom Glauben

Wer gedankenlos handelt und nicht mehr alle Sinne beieinander hat wird in der Regel als »kopflos« bezeichnet; auch im Englischen gibt es dafür den Begriff »headless«. Doch in vergangenen Zeiten, die dem »rechten Glauben« noch einen hohen Stellenwert einräumten, galt vor

Krönung der Königin Mandragora (Miniatur aus der Handschrift München Clm 5118 des 12. Jahrhunderts zum Hoheliedkommentar von Honorius)

Marienkrönung (Miniatur aus dem 15. Jahrhundert, München, Graphische Sammlung)

allem ein ungläubiger Mensch als kopflos. Somit wurde in unzähligen Exegesen zum Hohelied die Kopflosigkeit der anthropomorphen Alraunenwurzel mit Glaubenslosigkeit gleichgesetzt. Alle der Sünde und dem Unglauben verhafteten Ungläubigen (ob Juden oder Heiden) ähneln der blattlosen Mandragora, die darauf hoffen, vom »göttlichen Rhizotom« (dem Wurzelgräber) aus dem dämonischen Erdreich befreit zu werden. Der ungekrönte Wurzelstock versinnbildlicht die Synagoge, die in den Schoß der heiligen christlichen Kirche geführt wird, wie auch die Erlösung der »in den Hades Eingesenkten« durch den erwachenden Glauben an Jesus Christus. So deutet Honorius von Autun die weiblichen Stimmen, die (aus wechselnder Perspektive) im Hohelied ihren Bräutigam besingen, als Pharaotochter, die das hebräische Volk verkörpert, als Babylontochter, die das Heidentum versinnbildlicht, als Sunamitin, die für die Völker des Westens steht und schließlich als Mandragora selbst, die aus dem Norden kommen wird, wenn der Antichrist besiegt sein wird:

»Siehe, da wird von Norden her mit hehrem Gepränge dem Bräutigam eine neue Braut zugeführt: nämlich die Mandragora ohne Kopf. Ihr setzt der Bräutigam ein goldenes Haupt auf, das mit einer Krone geschmückt ist, und so wird auch sie zur Hochzeit geführt [...] sie versinnbildlicht die Schar der Ungläubigen, die in den Endzeiten noch sein werden, und deren Haupt der Antichrist, das Haupt aller Bösen, ist.

Aber der Kopf der Mandragore wird abgeschnitten, wenn der Antichrist getötet werden wird. [...] Ihr nun setzt der Bräutigam ein goldenes Haupt auf, indem er seine Gottheit [...] im Glauben zu erkennen gab. So wird sie mit Ehre und Glorie gekrönt, und er wird sie sich vermählen im klaren Licht seiner Schau.« (zitiert von RAHNER 1957: 236)
Dieser Hohelied-Kommentar von Honorius inspirierte Künstler im 12. Jahrhundert zu Illustrationen der »Krönung der Königin Mandragora«. Aus diesen Illuminationen entwickelte sich das Motiv der »Krönung Mariä«, das im 13. und 14. Jahrhundert seinen Höhepunkt erreichte und den Weg in die plastische Kunst der Altarschnitzwerke fand.
So deutete die bildende Kunst die theoretischen Bemühungen der Theologen, die erotisch anzüglichen Verse als Liebe zwischen Christus (oder seinen Gläubigen) zur Kirche zu interpretieren, als Liebe der Gottesmutter zu ihrem Sohn um. Angesichts der Erhebung Mariä in den Stand einer himmlischen Braut »können die im Irdisch-Bösen wurzelnden Menschen ebenfalls auf Auferstehung im jenseitigen Paradies hoffen, von dem der Genuß des Mandragorenweins, der in köstlichen Schlaf versetzt, einen Vorgeschmack gibt.« (MÜLLER-EBELING 1987: 147)

Obgleich die Fachliteratur erwähnt, dass die Darstellung der Marienkrönung unmittelbar mit liturgisch verarbeiteten Texten aus dem Hohelied zusammenhängt[77], wirkt die ikonografische Ableitung dieses Motivs von der »Krönung der Königin Mandragora« auf manche Kunsthistoriker schockierend. Mit dieser Haltung sind sie nicht allein. Schon um 2516 entbrannte zwischen Dominikanern und Franziskanern der Streit über eine derartige Marienverehrung. Auch Protestanten war das mariannisch-katholische Motiv ein Dorn im Auge, weshalb sie im 16. Jahrhundert das Kernstück des Schnitzwerkes zum Meister-Bertram-Altar von Hamburg, das die Krönung Mariä darstellte, kurzerhand durch einen Calvarienberg ersetzten.[78]

---

[77] Siehe dazu die Ausführungen im ***Lexikon der christlichen Ikonographie***, Rom unter anderem: HERDER 1994, Band 2: 673.
[78] BEUTLER 1984.

Magische Praktiken

»Der heutige Glaube ist also eine Mischung von dem,
was man von der alten Mandragora wusste,
von Sagen, die sich auf die Vertreter
der Mandragorawurzel im Norden beziehen,
und von neuerem Aberglauben, der durch die Wechselbeziehungen
dieser Pflanze zu anderen entstanden ist.«
(Starck 1986: 70)

Seit dem späten 19. Jahrhundert unterzogen sich Volkskundler der Mühe, die Überlieferungen magischer Praktiken mit der Alraunenwurzel und die damit verknüpften Vorstellungen auf eindeutige historische Quellen zurückzuführen.[79] Trotz unterschiedlicher Argumente und Ergebnisse kamen sie letztlich zum selben, hier eingangs zitierten Schluss, dass sich die Überlieferungen ursprünglich auf unterschiedliche Pflanzen und verschiedene kulturelle Traditionen bezogen. Diese Diskussion soll hier nicht erneut aufgerollt werden, denn letztlich sind die im Volksglauben lebendigen Aspekte der Alraunensagen relevanter als deren Ursprünge.

Die wesentlichen Aspekte des volkstümlichen Alraunenglaubens kreisen um

- die Entstehung der Wurzel
- Rituale zur Bergung
- magische Anwendungen
- Belebung als Homunculus

[79] 1912 und 1917 zusammengestellt von Schlosser (1987) und Starck (1986).

Diese magischen Vorstellungen, Rituale und Anwendungen (die im folgenden detaillierter beleuchtet werden) überlebten zwar im Volksglaube. Von der Kirche aber wurde derlei »magisches Teufelswerk« unterwandert, diffamiert und mit aller Macht unterdrückt.

Entstehungsfabeln

Im Mittelalter stand die Entstehung der seltsam menschenförmigen Wurzel in Zusammenhang mit der göttlichen Schöpfung des ersten Menschen (besser Mannes) Adam (siehe Seite 93). Aus dem (heute so genannten »Nahen«) Osten verbreitete sich im westlichen Kulturkreis die Fabel »einer menschenähnlichen Wurzel, die dem Samen eines Schlafenden oder Toten entsprang«, der magische Kräfte zugesprochen wurden (STARCK 1987: 73). Das Motiv der Entstehung einer Pflanze aus dem Leichnam eines Kulturheroen oder Menschen begegnet in unzähligen Mythen aller Kulturen. Da die dramatisierte Wiedergabe der ursprünglichen Sachlage schon immer den Unterhaltungswert erhöhte, wurde aus dem »Schlafenden oder Toten« im Laufe der Zeit ein gehenkter Verbrecher.

»Weit verbreitet ist auch die Vorstellung, dass die Entwicklung einer Alraune eng mit dem Menschen, genauer, mit dem Urin eines gehenkten Verbrechers zusammenhängt. Wächst nämlich unter einem Galgen eine Alraune, auf die ein Gehenkter sein Wasser abläßt, gilt sie als besonders wirkmächtig. Daher ist für die Alraune auch der Name Galgenmännlein üblich.« (BORRMANN 2000: 334; ohne Quellenangabe!)

Eine Alraune in Menschengestalt windet sich aus dem Erdreich (Zeichnung *Mandragora* von RENÉE MAGAÒA, 7.7.1995).

Diesem Muster entsprechen unzählige Zitate in der Alraunenliteratur, welche dieselben Kernaussagen immer wieder variieren.[80] Dabei wandelt sich der Urin zum letzten Samenerguss des Gehenkten, der nicht auf eine zufällig unter dem Galgen wachsende Alraune spritzt, sondern diese vielmehr durch die Besamung der Erde ins Leben ruft. Derartige Legenden sind vom christlichen Glauben an die sündige Materie geprägt, deren Schoß die zauberkräftige Mandragora gebar und für deren Zeugung nur ein Verbrecher in Frage kam.

Diese Entstehungsfabeln machten Galgenberge zum bevorzugten Standort der Alraune, wo Dämonen hausten und dunkle Gestalten ihr Unwesen trieben. Auch wenn dies auf den ersten Blick abwegig erscheint, ergeben derartige Konzepte durchaus einen Sinn. Die im Hinblick auf die letzte Opferstätte Jesu Christus auch Kalvarienberg genannten Galgenhügel befanden sich in der Regel auf erhöhten Schuttplätzen abseits umfriedeter Siedlungen. Ideale Standorte für die Mandragora, die sandige, steinige Böden liebt und sich in ihren Verbreitungsgebieten daher bevorzugt bei Ruinen ansiedelt. Als heidnische Ritualpflanze wurde sie mit Dämonen assoziiert. Wer sich mit solchen magischen Heilkräften und Ritualen auskannte, lebte in der Regel jenseits städtischer Mauern und trieb sein »abergläubisches Unwesen« in der Wildnis.

Rituale zur Bergung

Da es als lebensgefährlich galt, die Wurzel zu ernten, waren mit ihrer Ausgrabung zahlreiche magische Anweisungen verbunden. In seiner Geschichte der Pflanzen IX, 8 referierte THEOPHRAST:

80 Friedrich Baron de la MOTTE FOUQUÉ (1777-1849) publizierte seine literarisch einflußreiche Dichtung »Eine Geschichte vom Galgenmännlein« im Jahre 1810 (FOUQUÉ 1983). Das »Galgenmännlein«, also die durch den letzten Abgang eines Erhenkten entstandene Alraune, wurde mehrfach literarisch behandelt (SCHLOSSER 1987).

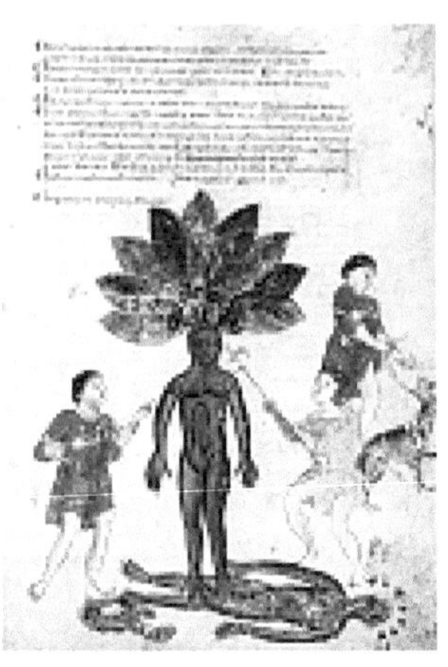

Simultane Darstellung verschiedener Stadien des rituellen Bergungsvorganges: Rechts wirft ein Mann einem angeleinten Hund einen Köder vor. In der Mitte liegt er tot unter der geborgenen und von bewaffneten Männern flankierten Wurzel, die sich menschengestaltig über ihrer pflanzlichen Hölle erhebt. (Illumination aus ***Medicina antiqua***, fol. 118 recto)

»Man soll, so wird gesagt, drei Kreise mit dem Schwert um die Alraune ziehen, und sie mit dem Gesicht nach Westen[81] gewandt, schneiden. Und beim Schneiden des zweiten Stückes soll man um die Pflanze herumtanzen und so viel wie möglich über die Mysterien der Liebe sprechen.«

Die klassische Bergung der Alraune mithilfe eines Hundes. (Illustration eines Manuskriptes aus dem British Museum aus dem 13. Jahrhundert)

Ein deutscher Autor aus dem 16. Jahrhundert bezog sich in seinen rituellen Angaben auf den Fundort der Mandragora auf einem Galgenberg: »Gehe an einem Freitag Abend, vor Sonnenuntergang, auf den Galgenberg und versiegele deine Ohren mit Wachs oder Pech. Nimm einen schwarzen Hund mit dir, dessen Fell keine weiße Stelle aufweist. Schlage über der Pflanze drei Kreuze und grabe die Erde um die Wurzel aus. Hole nun den schwarzen Hund herbei und be-

81 »Der Volksglaube hielt den Mandragoras für eine chthonische, den dunklen Dämonen zugeordnete Pflanze. Denn im Westen ist der Ort dieser Geister, und so galt es, durch den Blick nach Westen die Gespenster der Finsternis zu bannen. Totenopfer und Fluch richtet der Grieche gen Westen ... Vor dem Wind [aus dem Westen] muß man sich hüten, weil sonst der Duft der noch ungehobenen Pflanze den bösen Einfluß des Kräuterdämons übertragen könnte. Es kann aber der Blick gegen Westen auch bedeuten, dass der Rhizotom sich der in der Wurzel gegenwärtig gedachten Kräfte der nächtigen Geister versichern will und darum durch seinen Blick gleichsam um ›Erlaubnis‹ fragt zum schadenlosen Herausziehen.« (Rahner 1957: 205)

Wurzelgräber bergen eine anthropomorphe Mandragora, die einen Hund aus der Erde zieht (Illustration eines Manuskriptes aus dem British Museum aus dem 12. Jahrhundert).

festige das eine Ende einer Schnur an seinem Schwanz und das andere am Wurzelstock. Werfe ihm nun, außerhalb seiner Reichweite, ein Stück Brot vor und entferne dich schnell. In seiner Gier, nach dem Futter zu schnappen, wird der Hund die Schnur straffen und die Wurzel aus dem Erdreich reißen. Durch den schrecklichen Schrei, den die Mandragora dabei ausstößt, wird der Hund augenblicklich tot zu Boden fallen.« (THOMPSON 1968: 168f.)

Der Hund gehört seit dem 12. Jahrhundert zum Standardrepertoire von schriftlichen Quellen und Mandragora-Illustrationen in Kräuterbüchern. Der Fachliteratur zufolge wurde dieses Motiv um 125 nach Christus von Aelian(us) (***Historia animalum***) eingeführt (THOMPSON 1968: 155, STARCK 1987: 73). Das Tieropfer an die magische Pflanze und die explizite Erwähnung des schwarzen Hundefelles haben ihren Ursprung im Mythenkreis der kleinasiatischen Hekate. Mit ihrem Gefolge heulender Hunde wurde die »Dreiwege-Göttin« in die griechische Mythologie integriert und in christlicher Zeit zum Urbild der Hexe dämonisiert (siehe Seite 63).

Sowohl das Hundeopfer als auch der Verweis auf Hekate – in der Literatur lediglich als abergläubisches Ritual zitiert beziehungsweise kommentiert – ergeben durchaus einen Sinn. Erstens zollen bis heute naturverbundene Völker den fruchtbaren Kräften der Erde mit Ernteritualen und Opfern ihren Dank; vor allem wenn es sich um den glücklichen Gewinn einer selten anzutreffenden potenten Heilpflanze handelt. Zweitens bedeuten Kreuzungen, die in mehrere Richtungen führen, natürlicherweise die Qual der Wahl zur richtigen Entscheidung. Da der gewählte Weg in die richtige Richtung oder aber in die Irre führen kann, wurden Kreuzwege oder »Dreiwege«[82] in mythischen Zeiten von Bildnissen (Wegebildern) dreiköpfiger Schicksalsgötter bewacht. Eine von ihnen war Hekate. Wie das gesamte polytheistische Pantheon wurde sie vom Christentum ins Schattenreich der Dämonen verbannt.

Wer die Mandragora dem Reiche dieser erdverbundenen, der Unterwelt angehörigen, also chtonischen Göttin entreißen wollte, musste ihr also ein entsprechendes Opfer bringen. Und somit kam der Hund ins Spiel. Ihn ereilt der tödliche Racheschrei des Pflanzengeistes. Der Besitzer der Wurzel profitiert hingegen von seiner fortlebenden magischen Macht.

Magische Verwendungen

Die Alraunenwurzel diente seit der Antike als Amulett und galt im germanischen Volksglauben als geschätzter »Haus- oder Hilfsgeist«. Sie wurde rituell versorgt, magisch benutzt oder künstlich manipuliert, um sie in die gewünschte anthropomorphe Form zu bringen (SCANZIANI 1972). Wer im Besitz dieser menschengestaltigen Wurzel war konnte sie magisch sowohl gegen Feinde einsetzen, als auch für Gesundheit, Wohlstand, Liebesdienste und einen reichen Kindersegen.

Die folgende Anweisung entstammt ebenfalls der Quelle (deutscher Autor siehe oben) aus dem 16. Jahrhundert (siehe Seite 102) und beschreibt, was nach der Bergung der Wurzel an einem der Liebesgöttin Freia beziehungsweise Venus geweihten Freitag zu tun ist:

»Ergreife nun die Pflanze, wasche sie in rotem Wein, hülle sie in weiße und rote Seide und lege sie in ein Kästchen. Versäume nicht, sie jeden Freitag zu baden und ihr an jedem Neumond ein neues weißes Kleid anzulegen. Wenn du diese Anweisungen befolgst, wirst du keine Feinde

82 Die Bezeichnung »Dreiwege« gemahnt an die drei Zeiten Gegenwart, Vergangenheit und Zukunft sowie an die drei mythischen Richtungen Oberwelt, Mittelwelt und Unterwelt.

haben, niemals arm sein und – falls du nicht mit Kindern gesegnet wurdest – wird dein Haus anschließend von Kindergeschrei erfüllt sein. Falls du Reichtum begehrst, kommt es nur darauf an, vor der Nacht ein Geldstück der Wurzel zur Seite zu legen. Am nächsten Morgen wird ihr Wert verdoppelt sein.« (THOMPSON 1968: 169)

Erstaunlicherweise vereint dieses Ritual auf magisch-symbolischer Ebene christliche wie auch heidnische Elemente. So entspricht die Waschung der Wurzel in rotem Wein der liturgischen Wandlung der Materie zum Blut Christi. Desgleichen symbolisiert das weiße Kleid der keuschen Empfängnis der Gottesmutter und unterstellt den Pflanzengeist somit ihrem Schutz und ihrer Fürsprache. Die Umhüllung der Wurzel mit weißer und roter Seide folgt hingegen heidnischen Vorstellungen und der (universell gültigen) Farbsymbolik, die jeden schöpferischen Akt als Vereinigung männlicher (= weiß) und weiblicher (= rot) Prinzipien erklärt.

Die Wohltaten, die der so genannte »Hausgeist« Alraune vollbringen sollte, wurden dem »Hilfsgeist« der Pflanze zugeschrieben. Dieses magische Modell (das auf schamanische Ursprünge zurückgeht) entsprach dem antiken »Pflanzengeist« und begegnet uns heute im pharmakologischen Begriff »Wirkstoff«.

Kirchlichen Sanktionen zum Trotz waren magische Rituale mit der Zauberwurzel jahrhundertelang im zentral- und nordeuropäischen Raum weit verbreitet. Aufgrund der starken Nachfrage in breiten Kreisen der Bevölkerung[83] wurden nicht nur Wurzeln der Mandragora, sondern auch solche, die ihr ähneln (vgl. Anhang »Falsche Alraunen«) zu Höchstpreisen gehandelt. Der anhaltende Gebrauch der teuflischen Zauberwurzel war dem Klerus ein Dorn im Auge und veranlasste Inquisitionsgerichte, Beschuldigte nach dem Umgang mit einem

[83] Sogar Nonnen vertrauten auf die magische Kraft der Wurzel, wie ein Fund im Chorgestühl eines norddeutschen Nonnenklosters belegt (APPUHN 1973).

»Haus- oder Hilfsgeist« zu befragen. Wer des Besitzes, Handels oder Gebrauches einer Mandragora überführt wurde, galt als Hexe oder Hexer und landete auf dem Scheiterhaufen.

Belebung als *Homunculus*

Überlieferungen zur Zauberkraft der Mandragora, ihrer Bedeutung als Hilfsgeist und damit einhergehende magische Bräuche belebten die Fantasie, einer anthropomorphen Alraunenwurzel Leben einhauchen zu können.

Derartige Bestrebungen galten selbstverständlich als gotteslästerliche Blasphemie und wurden von kirchlicher Seite als heidnisches Zauberwerk gebrandmarkt. Vor allem in der frühen Neuzeit – als die verheerenden Hexenverfolgungen der Inquisition weite Teile des europäischen Festlandes heimsuchten und sich der Geist der Toleranz im Qualm der Scheiterhaufen verflüchtigte – wurden Andersdenkende des Vorwurfs bezichtigt, einen unheiligen Bund mit dem »Teufelsapfel«, der »Zauberwurzel« Alraune, geschlossen zu haben. Die lebensbedrohlichen Anklagen richteten sich vor allem gegen Menschen, die mit Hilfe magisch-heidnischer Rituale die Kräfte der Natur und die Zauberkraft der Alraune anriefen. Der konkrete Vorwurf, durch Beschwörung der Wurzel einen *Teraphim* (Hebräisch = Hausgötze) ins Leben zu rufen, war demagogisch gegen Juden gemünzt; ungeachtet der Tatsache, dass gerade die jüdische

Ein orientalischer Zauberer evoziert unter dem gekreuzigten Heiland einen Teraphim. (Aus: Le Rouge 1912)

Bekleidete Allraunenmännchen (Holländischer Stich aus dem 18. Jahrhundert).

Religion jede bildliche Nachahmung der Natur verbot und die verhängnisvollen Auswirkungen des menschlichen Versuchs, die Materie zu beleben, im Golem-Mythos beschrieb.

Den religiösen Vorgaben wie auch den magischen Absichten wird das folgende Zitat gerecht: »Zwar wird der Alraun nicht vom Menschen hergestellt, er ist ein Produkt der Natur, Gottes oder des Teufels, aber sein Leben ist auf die Hege und Pflege des Menschen angewiesen.« (BORRMANN 2000: 25)

Zum Zwecke der magischen Belebung wurden aus der Wurzel so genannte »Alraunmännlein« (auch »Atzmann« oder »Galgenmännlein« genannt) geschnitzt oder als Puppe hergerichtet. So soll »ein italienischer Charlatan eine aus der Alraunwurzel geschnitzte menschliche Figur durch ein in die Scham gestecktes Hanfkorn beseelt haben«.[84] Dies mag als abwegige volkskundliche Marginalie wirken, doch der Traum eines künstlich erschaffenen Menschen beschäftigte auch literarisch ambitionierte Geister und inspirierte MARY SHELLEY zur Schöpfung von Frankenstein und GUSTAV MEYRINK's Dichtung ***Golem***. Romane, die von der Filmindustrie begeistert aufgenommen wurden und unzählige Remakes nach sich zogen.

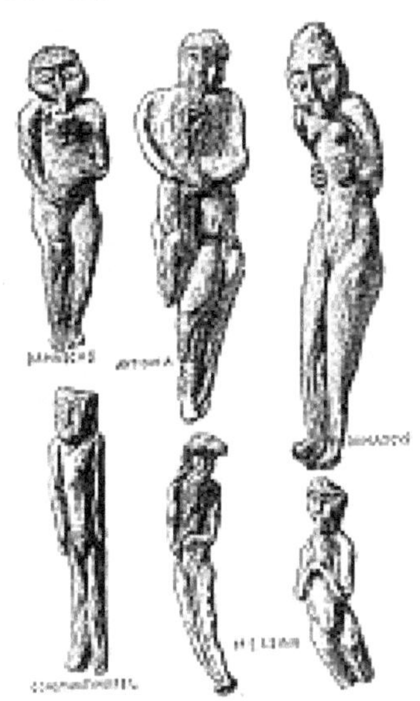

›Alraunmännchen (nach einer alten Zeichnung)‹. (Illustration aus: GESSMANN ohne Datum [1922]: 61)

[84] Vgl. VON LUSCHAN 1891: 742. Angeblich überlebte dieser Brauch in Südtirol. In der ***ravchnacht*** belebt man mit einem Tuch das Galgenmännlein (Hans VINTLERS, ***Blume der Tugend***, 1411; zit. in GRIMM 1878: 425).

Mit Bezug auf die magische Wurzel verewigte der okkultistische Schriftsteller HANNS HEINZ EWERS (1871-1943) die Zauberwurzel und das aus ihr entstehende weibliche Wesen in seinem Roman ***Alraune*** (1911).[85] Sein Buch wurde mehrfach verfilmt. Erstmals 1918 unter unbekannter Regie; danach 1927 vom Regisseur und Drehbuchautor HENRIK GALEEN unter dem Titel ***Alraune***. 1930 entstand die erste Tonfilmversion, bei der RICHARD OSWALD Regie führte (SEEßLEN 1980: 93, 99, SEEßLEN und WEIL 1980: 139).

In dem Film war das »Alraune« genannte Wesen »das Produkt einer künstlichen Befruchtung, die ein Wissenschaftler an einer Prostituierten mit dem Samen eines Mörders vornimmt. Er zieht das Kind auf, vorwiegend deshalb, weil er seine Theorie beweisen will, dass der Charakter eines Menschen viel mehr von Umwelt und Erziehung als von Veranlagung geprägt wird. Doch Alraune ist auch mit den besten Absichten nicht von ihren verbrecherischen Anlagen zu befreien. Es sind jedoch, so legt der Film nahe, nicht nur diese Erbanlagen, sondern auch der ›seelenlose‹ Akt ihrer Zeugung, der aus ihr ein menschliches Ungeheuer macht, den mechanischen Vamp, dessen einziger Lebenszweck es ist, Männer in Ruin, Zerstörung und Selbstmord zu treiben.« (SEEßLEN 1980: 93)

Alraunen in der Trivialkultur

Die bewusstseinsverändernde Wirkung der Alraunenwurzel und ihr magischer Gebrauch beflügelte die Fantasien kreativer Geister. Sie sprengte die Grenzen traditioneller Kunstgenres und fand eine neue Heimat in modernen Medien der Film- und Comicwelt. Die fantastische Literatur, für welche die bereits erwähnten literarischen Werke (siehe Seite 91) Pate standen, sorgte für den entscheidenden Brückenschlag und animierte Regisseure, dem Alraunenstoff auf der Leinwand Leben

---

[85] Wilfried KUGEL verfaßte 1992 eine (leider nicht mehr lieferbare) Biographie über Hanns Heinz Ewers unter dem Titel ***Der Unverantwortliche***. Weitere Informationen liefert www.hanns-heinz-ewers.com/rausch.hhtm

Der Comic-Held Mandrake, nach dem englischen Namen der Alraune benannt, ist ein Zauberer (Um 1934/44 King Features Syndicate, USA).

einzuhauchen. Dabei wurde mit Abstand am häufigsten das Thema der beseelten Wurzel variiert – ob als Wechselbalg oder als Wurzel, dem Magier zum Leben verhalfen. Der Prototyp eines Wechselbalges findet sich in E.T.A. HOFFMANNS Märchen »Klein Zaches genannt Zinnober«,[86] das sein Freund Julius Eduard Hitzig als Ausgeburt von Fieberfantasien des erkrankten Autors wertete. Laut Beschreibung des romantischen Dichters hätte man die Missgeburt Klein Zaches »gut für ein seltsam verknorpeltes Stückchen Holz ansehen können«. Der Kopf stak dem missgestalteten Jungen »tief zwischen den Schultern [...] und gleich unter der Brust hingen die haselgertendünnen Beinchen herab, daß der Junge aussah wie ein gespaltener Rettich«, weshalb sich die Fee Rosabelverde des »bösen Alräunchens« erbarmte und ihm zu einer Karriere als Geheimer Spezialrat Zinnober verhalf.

In dieser von Wilhelm BUSCH (1832-1908) gezeichneten Episode werden zwei Pflanzen zu einem Alraunenpärchen. (W. BUSCH, ***Schnurrdiburr oder die Bienen***, 1869)

[86] E.T.A. Hoffmanns Geschichte wurde unter dem Titel »Der kleine Zack« verfilmt.

An diesem Muster orientierte sich der esoterische Schriftsteller MANFRED KYBER (1880-1933), in dessen 1923 verfasster Geschichte »Alräunchen« ein Kind gleichen namens die Hauptperson spielt. Es ist ein »Wechselbalg, ein Wurzelmännchen, das ganz tief in der Erde wurzelt und zum Wechselbalg wird, wenn man die Wurzeln aus der Erde herausreißt« (KYBER 1985).

Der US-amerikanische Kultautor TOM ROBBINS (Jahrgang 1936) beschrieb in seinem (unter anderem durch ***Psilocybe*** spp. inspirierten) Roman ***»Ein Platz für Hotdogs«*** (Originaltitel ***»Another Roadside Attraction«***) die Wirkung der Alraune in einem Dialog zwischen Jesus und Tarzan.

»›Johannes der Täufer hat mir mal Alraunenwurzeln angedreht. Die Erfahrung hat sich gelohnt, aber einmal reicht.‹ Er [Jesus] schirmte seine Augen gegen die strahlende Erinnerung der Visionen ab. ›Heutzutage bin ich ganz von selber stoned, sozusagen von Natur aus.‹« (ROBBINS 1987: 335)

Auch als die Bilder laufen lernten mischte die Alraune mit. Zum Beispiel im 1928 gedrehten Stummfilm. Von den vielen darauf folgenden Auftritten der Mandragora in der Filmgeschichte seien folgende Beispiele erwähnt: Im Fantasy-Film ***Der Zauberbogen*** (USA 1981; Regie Nicholas COREA) heißt eine Frau Mandrake/Mandrax. In der US-amerikanischen Mystery-TV-Serie ***Poltergeist*** (1996-2000) kommt in der Folge ***Das Duell*** eine nekromantische Szene mit der Beschwörung einer Alraunenwurzel (eines wurzelartigen Männchens) vor. Die Alraune wird in einen

Der Magier betrachtet das Alraunenmännchen. (Szenenfoto aus dem 1928 gedrehten Stummfilm ***Alraune***)

Das schaurige Szenario eines Galgenberges als Fundort der Zauberwurzel (Szenenfoto aus dem 1928 gedrehten Stummfilm ***Alraune***).

Zaubertrank eingelegt, der eine betäubende Ausdünstung freigibt. Eine alte Negerin führt das Ritual durch und beschwört die Alraune mit den Worten »Wurzel der Nacht, Wurzel des Todes ... Laß die Geister durch meinen Mund sprechen.«

In dem internationalen Kinohit Shakespeare in Love (Großbritannien/ USA 1998; Regie: John Madden), der mit sieben Oscars ausgezeichnet wurde, spielt auch die Alraune mit. Der junge Shakespeare (gespielt von Joseph Fiennes) hat eine Schreibsperre, denn seine Muse ist ihm unhold geworden. Beides schlägt ihm auf die Potenz. Er sucht Hilfe beim Apotheker: »Reiche mir den Saft der Mandragora!« Dieser Satz ist ein Zitat aus Antony and Cleopatra (Akt VIII, Szene 5): »Give me to drink mandragora ...« – Shakespeare war ein guter und gewitzter Kenner psychoaktiver Pflanzen und Aphrodisiaka (vgl. TABOR, 1970).

Die populäre Comic-Kunst bot Künstlern ideale Rahmenbedingungen für moderne Interpretationen von Alraunen-Mythen. Mit Hilfe der legendären Sprechblasen konnten sie die Bildsequenzen kommentieren, die bewährte Union von Bild und Text auf eine moderne Ebene transponieren und eine fantastisch-imaginäre Bildfolge in Szene setzen. Inspiriert von John Donne's Gedicht ***Mandrake Root*** produzierte Lee FALK seit 1934 die Comic-Serie ***Mandrake*** (Deutsch = ***Mandragora)***. Dort begegnen die Leser Mandrake, einem geheimnisvollen Zauberer aus dem Himalaya, der Zeit und Raum überwinden kann. In der von

Peyo gezeichneten französischen Comic-Serie ***Die Schlümpfe*** bedient sich ein »böser Zauberer« wiederholt der magischen Kraft der Alraunen, um die kleinen blauen Pilzbewohner zu verzaubern. In seiner 1979 bei Carlsen Comics erschienenen Folge ***Blauschlümpfe und Schwarzschlümpfe*** stellt der Zauberer aus Alraunenwurzel und Schlangengift einen kleinen Schlumpf, also einen Homunculus, her.

In der Geschichte »Ein Alchemist wacht auf« lässt Alexis seinen Helden das Leben eines normalen Bürgers unter Einfluss einer »mit Käse überbackenen Mandragora halluzinieren (in: ***Einsame Phantasien***, Linden: Volksverlag, 1983: 37-38).

Beschwörung der Alraune als Homunculus. (Zeichnung von CAZA, 1980).

Der psychedelische Comic-Künstler CAZA zeichnete eine fantastische Geschichte mit dem Titel ***Mandragore***, bei der eine unter einem Galgen ausgegrabene Alraune durch ein magisches Ritual in eine verführerische und zugleich verhängnisvoll wirkende Frau verwandelt wird (in: ***Gesammelte Werke*** Bd.4, Linden: Volksverlag, 1980).

Desgleichen veröffentlichte der italienische Comic-Künstler PAOLO ELEUTERI SERPIERI 1995 in seiner bizarr-erotischen Science-Fiction-Serie ***Morbus Gravis***, die deutlich von psychedelischen Erfahrungen geprägt ist[87], einen Band mit dem Titel ***Mandragora.*** Die letzten Szenen dieses Comics gipfeln in den Worten:

»Es ist eine Legende. Ein Aberglaube. Es hieß, dass ein zum Tode Verurteilter im Augenblick seines Todes noch einen unglaublichen Orgasmus hatte, und dass aus dem Boden, der von seinem Samen getränkt

[87] Ein Comic-Zeichner der psychedelischen Avantgarde identifizierte sich selbst mit der Alraune und zeichnet unter dem Pseudonym Mandryko (RÄTSCH 1986: 97-99).

Die aphrodisische Kraft der Mandragora findet in Comics für Erwachsene ihren Niederschlag (Paolo Eleuteri Serpieri, Titelbild ›Mandragora‹ zur Serie *Morbus Gravis*, 1995.

war, eine Blume oder Pflanze wuchs, die man Alraune oder Mandragora nannte. Die Essenzen, die man aus ihr gewinnen konnte, besaßen magische Kräfte! [...] Die Mandragora, auch Alraune genannt, spielte in der Frühgeschichte der Erde eine Rolle. Damals. Als es statt Wissenschaft nur Aberglaube und Magie gab.«

Damit schließt sich der Kreis zum Volksglauben, der mit den Fabeln zur Entstehung der magischen Wurzel die Trivialkunst inspirierte.

Galgenmännlein und Glückspuppen

»In Vorratskammern und Hausgängen der alten Höfe
war oft das sogenannte ›Galgenmandl‹ zu finden,
die Wurzel der Alraune in menschenähnlicher Gestalt.
Das ›Galgenmandl‹ galt als guter Hausgeist,
das ›Weibele‹ als Beschützerin der Korntruhe.«
(Fink 1983: 74)

Die Alraune vor dem Henkersfeld, ihrem Urgrund (Zeichnung aus Usteri 1926).

Obgleich die Mandragora dem Reigen der Hexenpflanzen zugeordnet und von Inquisitionsgerichten ins Protokoll der peinlichen Befragungen vermeintlicher Hexen aufgenommen wurde, tat die kirchliche Ächtung ihrem Ruf als geschätztem Talisman und Glücksbringer keinen Abbruch.
Da anthropomorphe Exemplare der Wurzel überaus selten waren, kamen seit dem Mittelalter gefälschte Exemplare auf den Markt. Noch in den ersten Jahrzehnten des 19. Jahrhunderts waren sie als Surrogate in Apotheken erhältlich. Es gibt sogar aus Mangradorenwurzeln gefertigte Kreuze (Wurzelkreuze), die als »wundertätige Objekte« in Kirchen aufbewahrt wurden (Bauer 1993).[88]

Im Volksmund heißt die alkaloidreiche Wurzel der Alraune (***Mandragora officinarum*** L., Solanaceae) »Glücksmännchen«. Diese volkstümliche Bezeichnung belegt, dass die stark halluzinogen wirksame Alraunenwurzel (***Radix Mandragorae***) mit dem Glück assoziiert wurde. Das übertrug sich auch auf die Wurzel der Falschen Alraune Allermannsharnisch (***Allium victorialis*** L., Liliaceae), die gleichermaßen als

88 »Im Dezember 1968 hat man beim ›Rauter über Franzensfeste‹ ein Alraunsärglein gefunden, das über der Küchentür eingemauert war. Sein Alter wurde auf 300 Jahre geschätzt.« (Fink 1983: 74)

»Glückswurzel« bezeichnet wurde (ARENDS 2001: 111). Desgleichen wird die Alraunenwurzel in volkskundlichen Quellen oft mit der Zaunrübe (***Bryonium dioica***) identifiziert und in der medizinhistorischen und ethnographischen Literatur mit dem Maiapfel (***Podophyllum peltatum*** L.) und anderen Pflanzen verwechselt.

Mit dem Glück assoziierte Pflanzen

Glückshand	Rhizoma filicis
Glückskraut	Sadebaum/Stinkwacholder (***Juniperus sabina*** L.); auch ein Räucherstoff für die Rauhnächte![89]
Glücksmännchen	Radix Mandragorae[90]
Glücksmännlein	Allium victorialis
Glückswurzel	Bulbus victoralis longus[91]
Glückswurzel	***Iris sibirica*** L., Iridaceae

Mit Bezug auf seine Entstehungsfabel wird die Wurzel auch als »Galgenmännlein« beziehungsweise in südlichen Regionen als »Galgenmandl« bezeichnet und als Talisman, Glücks- aber auch Unglücksbringer betrachtet.
»Unter ihrem Schutz konnte einen weder der böse Blick treffen noch ein Schuß oder Schlag aus dem Hinterhalt und sie wußte sogar die Zukunft zu deuten.« (ZELTNER 1988: 37)

»Das echte Wichtelmännchentum hielt alle Ideen
und alle Herren für auswechselbar ...«
(WERFEL 1981: 204)

Dem Volksglauben zufolge hat jeder, der ein Galgenmännlein besitzt, drei Wünsche frei. Danach muss das Männlein seinen Besitzer wechseln.

---

89 SCHOEN 1963: 75
90 Laut SCHOEN (1963: 89, 150) auch Geldmännchen oder Heckmännchen genannt.
91 ARENDS 2001: 111

Schuldig oder unschuldig Gehenkte am Galgen (Illustration zur Erstausgabe der ***Galgenlieder*** von FRANCOIS VILLON).

Laut Jakob Grimm muss der Besitzer eines solchen künstlich geschnitzten oder natürlich geformten Glücksmännchens folgende Anweisungen befolgen:

»das ***allerürken*** ist eine kleine im koffer verschlossene puppe, die glück bringt ... der hat an ***oaraunl*** im leibe ... wie dem Jesusbild das hämdchen gewaschen wird ... so muß das ***beckmännchen*** alle jahre um gewisse zeit neu angeputzt werden ... wächserne und thöricht angeputzte figuren, so man ***glücksmännchen*** heißet.« (GRIMM 1878, 3: 148)[92]

Ohne Besitzer galt die Glückswurzel als selbständig denkendes und handelndes Wesen, das mal wohltätig, mal heimtückisch wirkte und an den Zauberlehrling denken lässt, der die Geister, die er rief, nicht mehr los wird.

Das Galgenmännchen auf okkulten Abwegen

Wie allgemein bekannt, kann Magie für so genannte »schwarze« (das heißt, für egoistische und andere verderbliche) und »weiße«, also gute, altruistische Zwecke eingesetzt werden – je nachdem, welche Absichten derjenige verfolgt, der sich magischer Rituale und Vorstellungen bedient. Daher wollen wir den Leserinnen und Lesern dieses Buches den folgenden obskuren Fund nicht vorenthalten. Er belegt den Einsatz der Alraunenwurzel im Dienste des Faschismus und wird dessen Ruf als

---

92 SILVER (1975: 184) bestätigt Grimms Anweisung: »16. Jahrhundert nach Christus, Deutschland: Verliebte haben ein besonderes Amulett, die Mandragorawurzel, die oft gebadet und angekleidet sein will (wie es Kinder mit Puppen tun).« (SILVER 1975: 184)

Galgenmännchen im wahrsten Sinne des Wortes gerecht. Für den historischen Wahrheitsgehalt des Zitates übernehmen wir keinerlei Gewähr und lehnen ausdrücklich jede Verantwortung für ähnliche Manipulationen mit der Zauberwurzel ab!

»Das Werk ist wohl die kurioseste Abhandlung über Adolf Hitler und seine angeblichen Neigungen zum Okkultismus, die je erschienen ist. MÜLLERN-SCHÖNHAUSEN beschreibt in seinem Werk [ohne Datum, um 1958] unter anderem die Nähe Hitlers zu dem berühmten Hellseher Hanussen, den er auf einer privaten Veranstaltung 1926 in Berlin kennen gelernt haben soll. Hanussen, so MÜLLERN-SCHÖNHAUSEN weiter, habe Hitler erst die richtige Redetechnik und Gebärdensprache beigebracht, um die Massen zu beeindrucken. [...] Als Hitler auf seinem Weg nach oben mit Hindernissen zu kämpfen hatte, schlug Hanussen ihm vor, er soll sich eine magische Alraune beschaffen. Jene rübenartige, oft gegabelte Wurzel, die entfernt an Menschen erinnert und der geheimnisvolle Kräfte zugesprochen werden. Dem Volksglauben nach wuchs die Alraune unter einem Galgen, und zwar aus dem Sperma eines Gehenkten. Daher sollte Hitler aus dem Schindanger seiner Heimatstadt eine Alraune ausgraben. Aus politischen Gründen konnte dies Hitler allerdings nicht selbst erledigen und so schickte er Hanussen an seiner Stelle. Als Hitler am 30. Januar 1933 seinem engsten Führungskreis die ersehnte Alraune zeigte, brach es bei deren knorrigem

Tod durch Erhängen. Am Fuße des Baumes die Blattkrone einer Mandragora (Holzschnitt aus einer Schweizer Chronik von 1548).

Anblick aus Göhring heraus: ›Aber det is ja unser Jupp (Josef wie er leibt und lebt)‹! (Seite 148). Josef Goebbels, der unter einem Klumpfuß litt, soll wegen dieser Beleidigung derart in Rage gekommen sein, das er Hanussen, den Überbringer der knorrigen Alraune, ohne das Wissen Hitlers später umbringen ließ. Der Besitz der magischen Alraune soll, nach MÜLLERN-SCHÖNHAUSEN, der Grund dafür gewesen sein, dass Hitler anfänglich das Kriegsglück hold war. Dies änderte sich erst mit dem Flug des Stellvertreters des Führers, Rudolf Hess, nach England. Auch Rudolf Hess wurden okkulte Bestrebungen nachgesagt. ›Weniger bekannt dürfte sein, dass Hitler nunmehr in richtiger Erkenntnis der Gefahr jede Wahrsagerei und Sterndeuterei den anderen kurzerhand verbot, die okkulte Zirkel, parapsychologische Forschungsgesellschaften und ähnliche Vereinigungen auflöste, die prominente Hellseher einsperren und alle Bücher über das Thema, aber auch Glücksketten, Mascottchen, Amulette, Talismane und Kristallkugeln vernichten ließ.‹ (Seite 169). Aufgrund dieser Anordnung wollte Goebbels die Alraune Hitlers, die ihn immer wieder an die Beleidigung Göhrings erinnerte, eigenmächtig vernichten lassen. Der beauftragte SS-Offizier verbrannte die Alraune aber anscheinend nicht, sondern schenkte sie einem seiner Freunde, der Führer-Devotionalien sammelte. Sie soll den Krieg überstanden haben. Hitler war über den Verlust sehr erbost und versank daraufhin in Melancholie. Mit dem Verlust der magischen Alraune kam es zum Bruch der ›Schicksalslinie des deutschen Volkes‹ (Seite 172) und Hitler war das Kriegsglück nicht mehr hold. Etwas überspitzt könnte man sagen, der 2. Weltkrieg wurde aufgrund einer verschwundenen Alraune verloren.«[93]

93 Auf diesen Eintrag im Sonderkatalog ***Schaubühne wundersamer Wesen und Unwesen***, Katalog 18, Versandantiquariat Volker Lechler 2003, Nr. 425 (info@antiquariatlechler.de) machte uns dankenswerterweise az aufmerksam.

Alraunen, Wichtel und andere »Heinis«

»Wie war zu Köln es doch vordem
mit Heinzelmännchen so bequem!
Denn, war man faul, man legte sich
hin auf die Bank und pflegte sich:
Da kamen bei Nacht, eh' man's gedacht,
die Männlein und schwärmten
und klappten und lärmten
[...] und putzten und schabten.
Und eh' ein Faulpelz noch erwacht,
war all sein Tagewerk bereits gemacht.«
(AUGUST KOPISCH, ***Die Heinzelmännchen***)

Wer träumte nicht von Heinzelmännchen, die für einen des Nachts unerledigte Arbeiten verrichten! Der Traum aller gestreßten oder auch faulen Menschen! Doch wer hätte gedacht, dass diese märchenhaften Gestalten der erdverbundenen Wiege der Alraune abstammen?

Wie immer sie in der Folklore oder in den davon inspirierten Kinderbüchern auch heißen mögen – ob kleiner Wicht, Wichtelmann, Heinzlein, Heinzel oder Hauskobold – letztlich stammen sie alle vom Erdmännchen Alraune ab! Unzählige Sagen, Märchen, Dichtungen und Illustrationen überlieferten uns ein ziemlich genaues Bild ihres Aussehens: Sie sind von zwergenhafter Gestalt, haben wirres rotes Haar, einen langen Bart sowie spindeldürre Ärmchen und

Alraunmännlein aus der Sammlung des Germanischen Museums; Die Figur ist aber nicht aus einer Mandragorenwurzel geschnitten, sondern aus der Wurzel des Allermannsharnisch (***Allium victorialis***) gefertigt – eine »Falsche Alraune« (Umzeichnung aus: PETERS 1886: 244)

Beinchen, die in roten oder grünen Kleidern stecken (also den typischen Weihnachtsfarben Rot-Grün). Nicht anders gaben Künstler die Alraunen-Glücksmännchen wider. Auch ihre Funktion als Hausgeister, die mal hilfreich, mal widerborstig und rachsüchtig in Erscheinung traten, entspricht dem magischen Wirken der Zauberwurzel.

Ursprünglich bedeutete Wicht »Wesen, Kobold, elender Kerl« oder »Erdgeist, Heimchen«. Auch Kobolde – deren Namen nicht ausgesprochen werden durften – wurden Wichtel oder Heinzel genannt. Sie »zeigen sich oft in gestalt von kröten« (GRIMM 1878, 3: 147) und wiesen als Waldgeister den Menschen den Weg zu Heilkräutern (SCHÖPF 2001: 201).
Der Name Heinzelmännchen kommt von Heinz oder Heinze, der Kurzform für Heinrich. Daher auch die Redewendungen: »Na, das ist aber ein Heinrich! – oder: Heini!« Da dämonische Wesen nicht beim Namen genannt werden durften, um sie nicht ungewollt heraufzubeschwören, wurden sie im Mittelalter generell als »Heinis« bezeichnet[94].
»Eine besondere Rolle unter den Naturgeistern spielen die Heinriche. Sie stammen aus den Vorstellungen von Elfen und Kobolden, die gern Heinz oder Heinrich hießen, was hernach auf Teufel und Hexen überging.« (CARL 1995: 99)

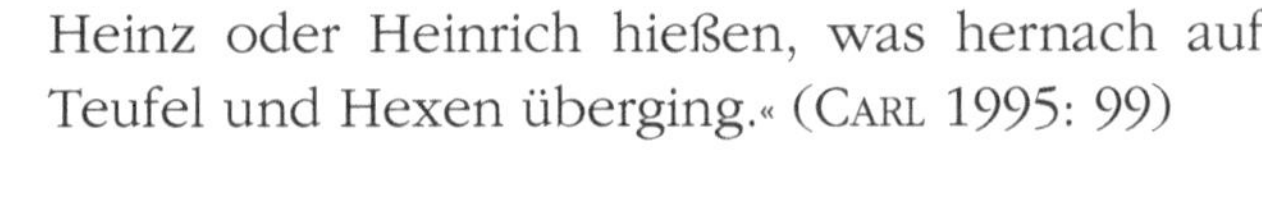

Der Wald ist voller Heinze oder Heinriche. Wir begegnen ihnen noch immer in volkstümlichen Namen vieler Wildpflanzen, die von Bezeichnungen für Erdgeister in Sagen und Märchen abgeleitet wurden und auf die heidnische Vorstellung ihres Pflanzengeistes zurückführen.

Steckschild für Blumentöpfe mit bonsaiartigen Pot Belly Fig-Pflanzen (***Ficus retusa***); aus dem australischen Blumenhandel. Die Darstellung erinnert deutlich an ein Alraunmännle (PARADISIA, Australien, 2001).

[94] In der Vulgärsprache ist ein »müder Heini« ein schlaffer Penis beziehungsweise ein Impotenter. Ein »langer Heinrich« ist dagegen ein ***Penis erectus***, ein erigierter Phallus (BORNEMANN 1973 I).

Volkstümliche botanische Bezeichnungen

Heinzel	1) ***Euphrasia rostkoviana*** HAYNE (syn. ***Euphrasia officinalis*** L.p.p.), Scrophulariaceae; Augentrost; 2) ***Fumaria officinalis*** L., Papaveraceae; Erdrauch
Heinzel beim Weg	***Polygonum aviculare*** L., Polygonaceae; Vogelknöterich
Heinzelmännchen	1) ***Crataegus laevigata*** (POIR.) DC., syn. ***Crataegus oxyacantha*** L., Rosaceae; Weißdorn; 2) ***Lupinus luteus*** L., Leguminosae; Gelbe Lupinie; 3) ***Mandragora officinarum*** L.; Synonym: ***Atropa mandragora*** L., Solanaceae; Alraune
Tolle Heinzen	***Carthamus tinctorius*** L., Compositae; Färberdistel, Safflor (»Falscher Safran«)
Heinzenblume	***Colchicum autumnale*** L., Liliaceae; Herbstzeitlose
Heinzelkraut	***Polygonum aviculare*** L., Polygonaceae; Vogelknöterich
Heinzerlein	1) ***Crataegus laevigata*** (POIR.) DC.; Synonym: ***Crataegus oxyacantha*** L., Rosaceae; Weißdorn; 2) ***Rosa canina*** L., Rosaceae; Hundsrose
Heinßel	***Aconitum napellus*** L., Ranunculaceae; Sturmhut, Eisenhut
Heinzerl(n)	Fruct. Cynobasti = Hagebutten!
Heinwurz	Rad. Hellebori = Schwarze Nieswurz
Heinerli	Herb. Chenopodii (= Heidnischwundkraut)

Böser Heinrich	***Mercurialis perennis*** L., Euphorbiaceae
Eiserner Heinrich	***Polygonum aviculare*** L.; »Hanns am Wege«
Großer Heinrich	***Inula helenium*** L., Compositae; Echter Alant
Guter Heinrich	1) ***Chenopodium bonus-henricus*** L., Chenopodiaceae; Sauerampfer 2) ***Rumex*** spp., Polygonaceae; Ampfer
Roter Heinrich	1) ***Rumex rugosus*** CAMPD., syn. ***Rumex acetosa*** L. var. ***hortensis*** DIERB., Polygonaceae; Gartensauerampfer; 2) ***Albersia*** sp.
Stolzer Heinrich	1) ***Echium vulgare*** L., Boraginaceae; Natternkopf; 2) ***Lythrum salicaria*** L., Lythraceae; Blutweiderich

Da dem monotheistischen Denken das Konzept ambivalent wirkender Pflanzen und Wesen fremd ist, werden diese volkstümlichen botanischen Bezeichnungen in zwei »Heinriche« unterschieden: ***Der Gute Heinrich – bonus Henricus*** – oder Rote Heinrich, ist der Sauerampfer (***Rumex rugosa*** CAMPD. und ***Rumex*** spp.), dessen Blätter ein Qualm- oder Knasterkraut für den Knaster-Klaus abgeben. Das Wolfsmilchgewächs Bingelkraut (***Mercurialis perennis*** L., Euphorbiaceae), auch Godeskraut (Gode = Wotan) oder Wodanskraut genannt, gilt hingegen als ***Böser Heinrich***, weil dessen Blätter wie dämonische Gänsefüße aussehen und angeblich eine Zutat für Hexensalben waren.

Wer in der Apotheke nach einem »Heinzelmännchen« fragt, wird in der Regel verständnislose Blicke ernten. Es sei denn, dem Fachpersonal ist noch das Standardwerk über Volkstümliche Namen der Arzneimittel vertraut und findet unter diesem Stichwort bei ARENDS (1935: 113) den Eintrag Rd. (= Radix) Mandragorae – also Mandragorawurzel.

Feste und Rituale zu Ehren der Erdgeister

In der baskischen Mythologie heißt ein unterirdisches Wesen Akerbeltz. Dieses flapsig als »Chef des Untergrunds« zu bezeichnende Wesen ist (auf Neudeutsch) überaus »tricky«[95], besitzt jedoch Heilkräfte und übt auf die Tiere, die in seiner Nähe Schutz suchen, einen wohltuenden Einfluss aus. Der Akerbeltz galt als Stellvertreter der Göttin Mari (»Herrin«)[96] und hatte die Gestalt eines schwarzen Ziegenbockes.
In der baskischen Brujeria (Spanisch = »Hexerei«) vom 16. bis 17. Jahrhundert galt Akerbeltz als ein Gott, der auf dem Akelarre[97] genannten Versammlungsplatz von Hexen und Zauberern in den Nächten am Montag, Mittwoch und Freitag verehrt wurde. Zu diesen Gelegenheiten tanzten sie ihm zu Ehren und brachten ihm Brot, Eier und Geld als Opfergaben dar (Callejo und Díez 2000: 192f.).

Der baskische Alraunenschnaps (45 % Vol.) heißt ***Mandrágora***. Auf dem Etikett steht: ***Planta alucinógena cuyas raices y hojas, en poción, utilizaban las BRUJAS para sus »vuelos« en las noches de AKELARRE*** – »Halluzinogene Pflanze, deren Wurzeln und Blätter in Trünken von den Hexen für ihre Flüge in den Nächten des Akelarre, dem Hexensabbat, genutzt werden«. In Navarra, dem Ort, wo der Alraunenschnaps hergestellt wird, gibt es die Akelarre-Wiese. Dort wird an einer Sonnabendnacht vor San Juan, (Johannes der Täufer wurde am 24.6. geboren!) die el Akelarre gefeiert, die unseren Walpurgisnachtpartys oder Tänzen in den Mai ähnelt.

---

95 Das heißt, es ist schwierig, mit diesem Wesen auszukommen. Dies entspricht in der mythischen Terminologie einem Trickster, einer unberechenbaren (Halb)gottheit, die fern menschlicher Moralvorstellungen eigenen Naturgesetzen folgt.

96 Mari, die Göttin der Natur oder Wildnis, ist mit Maju, der oft in Schlangengestalt erscheint, vermählt. Es heißt, wenn sich Mari und Maju begegnen, bricht ein fürchterliches Unwetter aus. Sie hat eine Wohnung im Erdinneren, erscheint aber als reichgeschmückte Dame, fliegt flammensprühend durch die Luft oder reitet auf einem Widder. Manchmal fährt sie auch auf einem von vier Pferden gezogen Wagen durch die Lüfte. Mari erscheint manchmal als weiße Wolke oder als Regenbogen. Ihr Symbol ist die Sichel. Deshalb stellen die Basken zum Schutz ihres Hauses vor Blitzschlag eine Sichel auf.

97 Akelarre, baskisch oder katalanisch für »Hexenmarsch« oder »Hexentanz«, entspricht dem Spanischen (Lehn)-Wort ***aquelarre***, »Hexensabbat«.

Die Alraune (Mandragora) gilt im Volkstum als »Heinzelmännchen«. Erst jüngst kam die Alraune wieder zu Ruhm, in dem Filmhit ***Harry Potter und die Kammer des Schreckens*** (2002) (Illustration 47v aus dem ***Kräuterbuch*** des Johannes Hartlieb, zirka 1440).

Falsche Alraunen[98]

Die botanischen Spezies *Mandragora officinarum* LINNÉ[99] und *Mandragora autumnalis* SPRENG.[100] wurden und werden häufig mit den folgenden Pflanzen im volkstümlich Sprachgebrauch verwechselt, fälschlich botanisch identifiziert oder aufgrund ihres seltenen Vorkommens durch deren künstlich bearbeiteten Wurzeln als Alraunenfälschungen in Umlauf gebracht.

Allermansharnisch	
(»Falsche Alraune«)	*Allium victorialis* L.
American Mandrake[101]	
(= *mandrake root*)	*Podophyllum peltatum* L.
Blutwurz/Heptaphyllum	*Potentilla erecta* (L.) RÄUSCHEL [syn. *Tormentilla erecta* L.]
Cimbola, Cimitrkwurzel[102]	
(= Schöllkraut, Zymbelkraut)	*Chelidonium majus* L.
Galgant	*Alpinia officinarum* HANCE

98 Nach BRØNDEGAARD und DILG 1985, DAHL 1985, EMBODEN 1974, RÄTSCH 1986, 1987 und 1994, WLISLOCKI (1891: 90) modifiziert und ergänzt.

99 *Mandragora officinarum* LINNÉ, »der männliche Alraun« oder auch Frühlingsalraune [Synonym *Atropa Mandragora* (L.) WOODVILLE; *Mandragora vernalis* BERTOLINI]

100 *Mandragora autumnalis* SPRENG. »die weibliche Alraune« oder auch Herbstalraune [Synonym *Mandragora microcarpa* BERTOLINI]

101 Die Wurzel des Maiapfels (*Podophyllum peltatum*) wird in Nordamerika in so genannten Voodoo Drugstores unter dem Namen mandrake root verkauft und als Talisman angepriesen. Die Wurzel soll Glück in der Liebe bringen, da sie den Träger des Talismans für das andere Geschlecht attraktiv und liebenswert macht. Sie soll für Reichtum (= Geld) sorgen, vor Zaubersprüchen (spells) und dem Bösen Blick schützen sowie Dämonen bannen. Alles in allem werden der Maiapfelwurzel die gleichen Eigenschaften zugeschrieben wie der echte Alraune.

102 In Norddalmatien wurde die *cimitrk* genannte Schöllkrautwurzel im Liebeszauber ganz ähnlich wie die echte Alraune verwendet (MITROVIG 1907: 233).

Ginseng (»Alraune des Ostens«)	*Panax ginseng, Panax pseudochinseng* WALL., *Panax* spp.
Iriswurzel	*Iris pseudacorus* L.
Kalmuswurzel	*Acorus calamus*
Kanna	*Canna edulis* KER-GAWL., *Aureliana canadensis*[103]
Karengro-Wurzel	*Orchis mascula* (L.) L.
Karottenwurzel	*Daucus carota* Anm.
Knabenkraut (»Alraune des Nordens«)	*Orchis* spp.
Kougoed-Wurzel (»Alraune des Südens«)	*Scleletium* (L.) N. E. BR. *tortuosum*
Schlafbeerenwurzel	*Withania somnifera*
Shang-luh	*Phytolacca acinosa*
Tollkirschenwurzel	*Atropa belladonna*
Tollkrautwurzel	*Scopolia carniolica*
Zaunrübe	*Bryonia cretica* L. ssp. *dioica* (JACQ.) TUTIN[104], [*Synonym Bryonia dioica* JACQ.], *Bryonia alba* L.

Anmerkung: Die Wilde Möhre (***Daucus carota*** ssp. ***carota***) in Blüte. Ihr Kraut samt Blütenkrone soll getrocknet und geraucht euphorisierend wirken. Ihre Wurzel gilt in Japan als »hervorragendes Aphrodisiacum« (AIGREMONT 1987: I 137). Früher wurde die getrocknete Wurzel der Karotte zur Fälschung der Alraune verwendet.

103 Dieses Taxon ist nicht zu identifizieren.
104 Zur Chemie der Zaunrübe siehe HYLANDS und MASOUR 1982.

Kulturelle Konzepte

Obwohl die Alraune heute zu den vergessenen Heilmitteln gehört, wäre es an der Zeit, ihre antiken Verwendungen wieder zu entdecken.
In der Antike war kaum eine Pflanze ähnlich vielschichtig mythologisch mit Gottheiten und Dämonen verwoben wie die Alraune. Keine andere Pflanze war derart tief im Volksglauben verankert wie die Zauberwurzel. Den antiken Quellen zufolge (die jede für sich nur ein unvollständiges Bild der Alraune zeichnet), ergeben die einzelnen Aussagen, Angaben und Andeutungen das folgende kognitives Modell der Alraune.

Kognitive Bedeutungsfelder der Alraune

- Die Alraune ist eine *»Pflanze der Götter«*
  - Liebesäpfel sind Liebesgöttinnen (Astarte, Aphrodite, Hathor) heilig.
  - Die Wurzel ist den chthonischen Unterweltgottheiten (Hekate) geweiht.
  - Sie ist eine phallische Pflanze der Himmels- und Blitzgötter (Re, Zeus)

- Die Alraune galt als ***Verbindung*** zwischen
  - Himmel und Erde,
  - göttlicher Gunst und menschlicher Kunst.

- Die Pflanze darf nur ***rituell geerntet*** werden (magische Handlungen, Beschwörungen, Opfer).

- Eine Reihe verwandter Wurzeln und Zauberpflanzen gelten als ***anthropomorph*** und besitzen magische Wirkungen.

- Es gibt drei Arten der Mandragora, wovon zwei ähnlich sind und als ***»männlich«*** und ***»weiblich«*** betrachtet werden.

- Die Pflanze, besonders die Wurzel, ist ein ***Amulett.***

- Die Pflanze ist ein ***Aphrodisiakum.***
  – Die Früchte sind die »Liebesäpfel«,.
  – Die Wurzel ist ein männlicher ***Phallus.***
  – Der Duft der Früchte erregt die Liebeslust.
  – Die Wurzel sichert die Liebesbereitschaft des anderen Geschlechtes.
  – Wurzelprodukte regen die Potenz an.

- Die Pflanze ist ein ***Heilmittel*** und liefert ein typisches ***pharmakon***.
  – Sie ist ein Gift und tötet.
  – Sie erregt die Fruchtbarkeit und spendet Leben.

- Die Wurzel beziehungsweise der Wurzelsaft liefert ein medizinisch wertvolles ***Narkotikum.***
  Sie ist:
  – schmerzlindernd
  – einschläfernd
  – betäubend.

- Die Alraune wurde alkoholischen Getränken (unter anderem Bier und Wein) zugesetzt, um die ***psychoaktive Wirkung*** zu verbessern.

Medizinische Anwendungen

Die ***Mandragora conc.*** ist apotheken- und neuerdings auch rezeptpflichtig. Selbst homöopathische Zubereitungen (ø bis D4) dürfen nur noch ärztlich verschrieben werden.

In der griechisch-römischen Arzneimittellehre wurden Alraunenwurzelstücke vorzugsweise zu anästhetischen Zwecken bei chirurgischen Eingriffen eingesetzt. Im Rahmen der Exegesen des »Liedes der Lieder Salomos« (siehe »Die gekrönte Wurzel«) übertrugen Kirchenväter die tradierte Kenntnis der narkotischen Wirkung der Mandragora in eine christliche Metaphorik:
»Die ***Mandragorae*** ist ein Kraut, das so tiefen Schlaf bewirkt, dass man den Menschen schneiden kann, und er fühlt den Schmerz doch nicht. Denn durch die Mandragoren wird das Aufstreben in Kontemplation versinnbildet. Diese Beschauung läßt den Menschen in einen Schlaf von so köstlicher Süßigkeit verfallen, dass er nichts mehr fühlt von dem Schneiden, das ihm seine irdischen Feinde zufügen, dass er nicht mehr achtet aller weltlichen Dinge. Denn die Seele hat jetzt ihre Sinne allem Äußeren verschlossen - sie liegt im guten Schlaf des Inneren.« (Thomas Cisterciensis ***Hobelied-Exegese***, zitiert nach Müller-Ebeling 1987: 145)

Schon vor der Erwähnung der »Liebesäpfel« im Alten Testament war die fruchtbarkeitsfördernde Wirkung der Mandragora bekannt[105], wie auch ihr schmerzlindender Einsatz beim Geburtsvorgang: »Man scheint geglaubt zu haben, dass die ***mandragora*** das Gebären erleichtert« (Adam Lonicerus 1582 bl. 106a). Bereits die alten Assyrer benutzten die Alraune als Schmerz- und Betäubungsmittel und setzten die in Bier eingelegte pulverisierte Wurzel bei Zahnschmerzen, Geburtskomplikationen, Hämorrhoiden und Magenbeschwerden ein.

---

[105] In der Renaissance schrieb Niccolò Machiavelli (1469-1527), dessen Namen für eine skrupellos gewinnorientierte Politik steht, eine Komödie namens ***La Mandragora***, bei der es um die fruchtbarkeitsbringende Kraft der Alraune geht (Schmidbauer 1969: 277, Tercinet 1950: 105).

In Rumänien wird die Alraune vielseitig volksmedizinisch genutzt. Bei Schmerzen in den Gliedmaßen, im Kreuz und Rücken sowie bei Fieberanfällen wird ein Alraunensud äußerlich aufgetragen und/oder eingenommen. Die frischen Blätter werden bei Zahnschmerzen ausgekaut.

Medizinischer Einsatz der Alraune

Genutzt wurden sowohl die als Liebesäpfel bezeichneten Früchte, wie auch Dekokte und Auszüge aus pulverisierten oder getrockneten Wurzelstücken.

Abszesse
Arthritis
Augenentzündungen
Augenerkrankungen
Abszesse
Arthritis
Augenentzündungen
Augenerkrankungen
Ausfluß
Beklemmung
Besessenheit
Depression
Drüsenbeulen
Entzündungen
Gebärmutterentzündung
Geburtskomplikationen
Gelenkschmerzen
Geschwülste
Geschwüre (Ulcer)
Gicht
Hämorrhoiden
Hautentzündungen
Hüftschmerzen
Hysterie

Impotenz
Knochenschmerzen
Kopfschmerzen
Krämpfe
Leberschmerzen
Magenbeschwerden
Melancholie
Menstruationsbeschwerden
Menstruationsverhalt
Milzschmerzen
Schlaflosigkeit
Schlangenbisse
Schmerzen
Seitenschmerzen
Skrofeln
Tuberkeln
Unfruchtbarkeit
Vergiftung
Verhärtungen
Verlust der Sprache
Würmer
Wunden
Wundrose (Erysipel)
Zahnschmerzen

Sammler von Früchten und Wurzeln der Alraune (Zypern; 5/1992; Foto: MÜLLER-EBELING)

Radix Mandragorae (Apothekerdroge) = Mandragora conc. (Foto: RÄTSCH)

Räuchern mit Alraunen

»Feiere einen schönen Tag! (...)
Gib Balsam und Wohlgeruch zusammen an deine Nase,
Kränze von Lotus [= Seerosenblüten]
und Liebesäpfeln [= Alraunenfrüchte] auf deine Brust,
während deine Frau, die in deinem Herzen ist, bei dir sitzt.«
(***Altägyptisches Liebeslied*** zitiert nach SCHOSKE 1990: 36)

Die Blätter der Alraune können frisch ausgekaut oder zur weiteren Verwendung getrocknet werden. Dafür sollten sie am besten vor der Fruchtphase geerntet und im Schatten getrocknet werden. Sie können pur (als Tabakersatz) oder mit anderen Kräutern in Rauchmischungen geraucht werden und dienen – wie auch die Wurzel – als Räucherwerk. Die Wurzelstücke verbreiten beim Räuchern einen eher unangenehmen Geruch, der an verbranntes Essen erinnert.
»Der Geruch, der der Alraunen-Wurzel beim Räuchern entweicht, erinnert an modrige Erde. Deshalb ist es ratsam, sie mit gut riechenden und Erd- und Himmelskräfte verbindenden Harzen (z.B. Copal oder Weihrauch und Myrrhe) zu mischen. Aber Vorsicht! Wir müssen mit den Geistern, die wir rufen, auch umgehen können – denn um es nochmals zu betonen: Die Alraune hat einen besonders starken Pflanzengeist!« (BADER 2003: 37)

Der Rauch ist aber recht gut zu inhalieren. Um den Geruch zu verbessern, können Alraunenräucherungen mit dem wohlriechenden Olibanum (***Boswellia sacra***) kombiniert werden. Beim Räuchern und Rauchen ist die psychoaktive Wirkung der Alraune nur subtil spürbar.
»Die Alraune kann eine Führerin in andere Welten sein, was auf ihre psychoaktiven Tropanalkaloide zurückzuführen ist.« (BADER 2003: 37)
BADER führt des weiteren aus, dass die Früchte für Liebesräucherungen genutzt wurde und die getrocknete Wurzel »Zum Orakeln, für Astralreisen, Kontakt mit Ahnenkräften und Erdwelten und Erdwesen.«

Die alten Assyrer räucherten die Wurzel zu exorzistischen Zwecken, um »Gift aus dem Fleisch« zu treiben (THOMPSON 1949: 218f.). Auch in der Magie der Renaissance und im neuzeitlichen Okkultismus wurde die Alraune, die unter dem Einfluss des Mondes stand, als Räucherwerk verwendet. In Mecklenburg wurden Alraunen unters Kopfkissen gelegt, um prophetische Träume zu empfangen (SCHMIDBAUER 1969: 281f.).

Bei Husten wird der Rauch von verbrennenden oder geräucherten Alraunenblättern inhaliert (ELIADE 1982: 227). Desgleichen wird die Alraunenräucherung zur Behandlung von Kopfschmerzen benutzt. Dazu werden Alraunenwurzelstücke, Beifuß (***Artemisia*** spp.), Minze (***Mentha*** spp., ***Mentha pulegium***) und Nelken kombiniert. In Marokko wird ***Mandragora autumnalis*** als Räuchermittel bei Erkrankungen der weiblichen Geschlechtsorgane eingesetzt (VENZLAFF 1977: 47)
Eine Alraunenräucherung kann auch zur Behandlung von Kopfschmerzen verbrannt werden. Dazu sollten die Alraunenwurzelstücke mit aromatischen Kräutern wie Beifuß, Minze und Nelken kombiniert werden (CALAND 1992: 60).

»Saturnische Kräuter sind nach astrologischer Auffassung
alle Gewächse, die dem Planeten Saturn unterstehen.
Unter diesen steht – neben Schierling, Nieswurz, Alraun,
Sadebaum, Nachtschatten usw. – das Bilsenkraut an erster Stelle.«
(SCHIERLING 1927)

Berühmt wurde auch das Bilsenkraut-Räucher-Rezept des Hofrats KARL VON ECKERTSHAUSEN (1752-1803). Es bestand aus Bilsenkraut, Schierling, Safran, Aloe, Opium, Mohnsamen, Alraune, Nachtschatten, Eppichsaft (***Hedera, Sium*** oder ***Berula***), Asa foetida und Sumpfporst. Diese an die Hexensalben erinnernde Mischung hat stark bewusstseinsverändernde Wirkungen, die sich pharmakologisch leicht erklären lässt.
GEORG CONRAD HORST beschreibt diese Wirkung in seiner voluminösen ***Zauberbibliothek*** (1821-1826):

»Wir räucherten [unter anderem Bilsenkraut] und empfanden nach einigen Minuten einige Brustbeklemmungen und Übelkeit, auch fühlten wir die Augen vom Rauch sehr angegriffen. Indem der Rauch verstärkt wurde, rief der junge Mann auf einmal: Nun, bei Gott, dort schweben ja wirklich zwei Figuren, indem er mit dem Finger auf den Fleck deutete. Ich sah für den Augenblick solche nicht, aber indem ich auf die bezeichnete Stelle losging und mich umwandte, meinte ich ganz deutlich vor dem anderen Ende des Zimmers eine menschenähnliche Schattengestalt zu erblicken, die nach mir hinschwebte, während der unerschrockene junge Mann mit zwei Schatten, Phantasmen, oder wie wir's nennen wollen, zu tun hatte, von welchen er behauptete, dass sie ihm dicht vor seinen Augen schwebten, und ich neben der ersten und diesen beiden Gestalten eine kleine neue Gestalt zu sehen glaubte oder, die Wahrheit zu sagen, wirklich sah, welche gleichsam aus dem Boden aufstieg und sich vor meinen Augen entwickelte, so dass mir das bekannte Wort: ›Ich sehe Götter aufsteigen aus der Erde!‹ dabei einfiel.« (in SCHIERLING 1927)

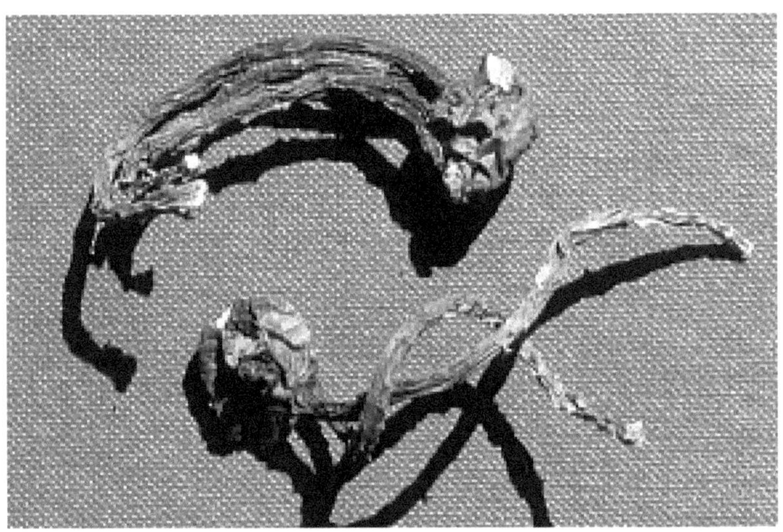

Wurzelstücke der Alraune (Naxos; 9/2002; Foto: RÄTSCH)

Discographie

»Music is one of the strongest forms of Magic,
or vibration in the deepest sense.«
(GRAHAM BOND 1971)

So schrieb der längstverstorbene britische Rock-Organist GRAHAM BOND im Cover-Text seiner ***Magick***-LP (1971, Philips Records).

Es gibt unzählige musikalische Verarbeitungen von Rauscherfahrungen mit Bezügen zu Zauberpflanzen oder psychoaktiven Substanzen (RÄTSCH 1986). Angesichts ihres Einflusses, der sich in Kompositionen, Bandnamen und Musikstücken spiegelt, hat die Alraune in der Musik erstaunlich wenige Spuren hinterlassen.
Die magische Wurzel wurde von einigen Rock-, Metal- oder Jazzbands (DEEP PURPLE, EDGUY, GONG) in gleichnamigen Songs besungen. Einige Bands haben sich nach ihr benannt, unter anderem »Mandra Gora Light Show Society«, »Mandragora«, »Mandragora Scream«, »Mandrake«, »The Mandrake Memorial« oder »Mandrake Paddle Steamer«. Ebenso bezogen sie sich in Albumtiteln oder entsprechenden Illustrationen auf Albumcovern oder Booklets auf die Zauberwurzel (MIGHTY DIAMONDS, NICK RIFF).

Hier ein Auszug populärer (Rock-)Musik, die sich explizit auf die Mandragora bezieht.[106]

- ALRAUNE

Die US-amerikanische Band Alraune (Annabel Lee, Michael Moynihan) hat einen Song »Mandrake« zum dem Projekt ***Infernal Proteus - A***

[106] Die hier aufgelisteten LPs und CDs liegen mir tatsächlich vor. Es mag darüber hinaus weitere geben, die meiner Aufmerksamkeit entfielen. Entsprechende Hinweise würden den Autor (Christian RÄTSCH) glücklich machen!

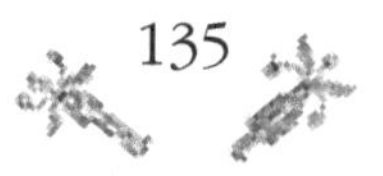

CD-Cover: EDGUY, ***Mandrake*** (2001); Artwork: Jean Pascal Fournier; Layout: Thomas Ewerhard

MIGHTY DIAMONDS, ***Deeper Roots plus Dub*** (Virgin Records, 1979; Caroline Records, 1997)

Im Zentrum dieses psychedelic Space Rock-Covers sitzt ein Alraunweible mit einer Blätterkrone aus einem Hanfblatt (CD-Cover: MANDRA GORA LIGHT SHOW SOCIETY, ***Beyond the Mushroom Gate***)

Die Alraune als verführerische, nachtländische Frau (CD-Cover: MANDRAGORA SCREAM , ***A Whisper of Dew***)

Musical Herbal (The AJNA-Offensive/Tyler Davis, 2002; www.theajna-offensive.com) beigetragen (alraune@pshift.com).

• DEEP PURPLE, Mandrake Root
Der Song »Mandrake Root« (= »Alraunenwurzel«) komponiert von Blackmore, Evans, Lord; Originalstück auf dem Album ***Shades of Deep Purple*** (EMI Records, 1968; CD-Re-Issue EMI 1989).

• ***Mandrake Root*** (Oh-Boy 1-9048, Bootleg)
Auf ***The Collection*** (Disky Communication Europe, 1997) 6:05 des gleichnamigen Bootlegs – ***Deep Purple Live In London***, 1973 (Disc de Lux, 1990) ist eine Live-Fassung von 17:39 min Dauer (Besetzung: Lord, Blackmore, Paice, Glover, Gillan).

• EDGUY, ***Mandrake*** (AFM Records, 2001)
Die junge deutsche Band Edguy, die symphonischen Metal spielt (mehrere Alben), haben diese CD nicht nur ***Mandrake*** genannt, sondern auch auf dem Cover einen dämonischen Hofnarren mit einer Alraune abgebildet (Artwork by Jean Pascal Fournier). Der erste Song des Albums heißt »Tears of a Mandrake« (7:11 Minuten, Musik and Text von Tobias Sammet). Der Chorus singt:

»After the storm when the magic has gone
Drown in the tears of a mandrake
Pawn in the game, invisible chains
Try to move, you'll feel as they gaze ...«

Leider ist das Album recht eintönig. Ein Stück klingt wie das andere. Vielleicht war nach dem ersten Song die Inspiration in den Tränen der Alraune ertrunken ...

- GONG, ***Shamal*** (Virgin Records 1975/1989).
»Mandrake« heißt ein Stück auf diesem Album der psychedelischen Band GONG.

- MANDRA GORA LIGHTSUOW SOCIETY, ***Beyond the Mushroom Gate*** (Loudsprecher, 1999) Psychedelic.

- MANDRA GORA LIGHTSUOW SOCIETY, ***Lucile's grotesque diary of ... (...) ... psychotic love throughout the galaxy*** (Fünfundvierzig/Indigo, 2003) [Take A Trip Into The World Wide Web: www.mandra-gora.de].

- MANDRAGORA, ***Over the Moon*** (Delec CD 027, zirka 1995)
Mitte der Neunziger Jahre hat sich in England eine neopsychedelische Underground Band formiert und MANDRAGORA genannt. Der ausgekoppelte Song »Solstice Song« befindet sich auf der Kompilation ***Pick & Mix - Delerium Sampler*** (Delerium Records, 1995).

- MANDRAGORA, »Coffee Shop Jig«,
auf dem Sampler ***Music for Coffeeshops*** (Dreamtime, 1995) unreleased track (Williams/Jenkins).

- MANDRAGORA SCREAM, ***A Whisper of Dew*** (Nuclear Blast, 2003)
Gothic Dark Wave. Frauengesang »Der Schrei der Alraune«.

- MANDRAKE, ***Calm The Seas*** (GreyFall, [2003])
Dark Metal mit Gesangsduo à la Lacuna Coil: Shouter und Sopran sehr melodiös, keybordorientiert (www.mandrake.de).

- THE MANDRAKE MEMORIAL, [ohne Titel] (Poppy Records, USA, ohne Datum); vermutlich etwa 1966-67. Die Covergestaltung hat gewisse Ähnlichkeiten mit den frühen Platten von PINK FLOYD.

- MANDRAKE PADDLE STEAMER, ohne Titel (Forgotten Jewels Records FJ 001, 1989). Nach der Pflanze hat sich eine von 1969-1971 aktive Acid Rock Band MANDRAKE PADDLE STEAMER genannt.

- MIGHTY DIAMONDS, ***Deeper Roots plus Dub*** (Virgin Records, 1979; Caroline Records, 1997); Reggae.
  Front Art: Narcissus, Design by: Gerard Talbot and Pete Ciccone.

- NICK RIFF, ***Freak Element*** (Delerium Records, 1992).

Ausgewählte Musikbibliographie

DEROGATIS, Jim

1996 ***Kaleidoscope Eyes: Psychedelic Rock From the '60s to the '90s.*** Secaucus: A Citadel Press Book.

KEMPER, Wolf-R.

2001 ***Kokain in der Musik: Bestandsaufnahme und Analyse aus kriminologischer Sicht.*** Münster usw.: LIT-Verlag (Soziologie; 35).

RÄTSCH, Christian

1986 »Musique fantastique«. In: S. HÖHLE ***et al.*** [Hg.], ***Rausch und Erkenntnis.*** München: Knaur, Seite 307-325.

1998 ***Enzyklopädie der psychoaktiven Pflanzen.*** Aarau: AT Verlag.

2003a »***Coke'n'Blues*** - Ein Vorspiel«. In: Wolf-R. KEMPER, Die ***»Cocaine Blues« Story***. Löhrbach: WeltBeat in der Edition Rauschkunde, Seite 5-12.

2003b »Compositores clásicos y sus ›musas‹ psicoactivas«. In: Cáñamo Especial, ***Música y drogas*** (Dezember 2003), Seite 28-36.

REISCHERT, Alexander

2001 ***Kompendium der musikalischen Sujets: Ein Werkkatalog.*** Kassel, Basel, London, New York, Prag: Bärenreiter (2 Bände).

SHAPIRO, Harry

1988 ***Waiting for the Man: The Story of Drugs and Popular Music.*** London und New York: Quartet Books.

Einbände und Schutzumschläge mit Alraunendarstellungen

BAUEREIß, Erwin (Hrsg.)
Ohne Datum *Halluzinogene Pflanzen: Ein Verzeichnis der deutschsprachigen Literatur.* Wurzel-Verlag [Selbstverlag].

BELLEDAME (HRSG.)
1990 *Die persönliche Magie der Pflanzen: Traditionelle Grundlagen der Aromatherapie.* Bad Münstereifel: Edition Tramontane. Nach der »Okkulten Botanik« Sédirs. Keine Angaben zur Cover-Gestaltung!

LAARß, R.[ichard] H.
Ohne Datum *Das Geheimnis der Amulette und Talismane.* Den Haag: J.J. Couveur. Nachdruck der 2. vollständig neubearbeiteten Auflage von 1926. Covergestaltung mit Illustrationen aus dem Buch.

MARZELL, Heinrich
1926 *Alte Heilkräuter.* Jena: Eugen Diederichs.

MOST, Georg Friedrich [1794-1842]
1984 *Encyklopädie der Volksmedicin*, Einleitung von Karl Frick und Hans Biedermann, Graz Akademische Druck- und Verlagsanstalt. [Reprint von MOST 1843] Ohne Angaben zur Covergestaltung.

SCHÖPF, Hans
2001 *Volksmagie: Vom Beschwören, Heilen und Liebe zaubern*, Graz, Wien, Köln: STYRIA. Der durch seine Bücher ***Zauberkräuter*** (Graz 1986) und ***Fabeltiere*** (Graz 1988) bekannte Autor legt hier einen Versuch zur Systematisierung der europäischen Volksmagie vor. Das reichhaltige Werk ist eher eine »Einstiegsdroge« für Laien als ein Referenzwerk für Wissenschaftler. Der Text enthält keine Quellennachweise, was vor allem bei den Rezepten schmerzlich ist oder sein kann. Es gibt jedoch eine gute Bibliographie sowie ein Personen- und Sachregister. Die Gestaltung des Buches ist sehr sorgfältig. Die meisten Abbildungen stammen aus historischen Zeiten (Holzschnitte, Kupferstiche).

STRASSER, W. [Text und Zeichnungen]
1993 *Pflanzen des ostägäischen Raumes: Türkisches Festland und vorgelagerte Inseln.* Thun: Ott.

TERCINET, Louis
1950 *Mandragore, qui es-tu?* Paris: Edité par l'Auteur.

sowie das Magazin:

Psychozoic Press, Nummer 10, Sommer 1985

Das »Alraunmännle« ist bis in jüngste Zeit hinein das Symbol für den Zauberglauben und volksmagische Praktiken, besonders in bezug auf den aphrodisischen Liebeszauber – der unter anderem durch die anthropomorphe Alraune geübt wurde (und wird?). Auf diesem Buchcover steht das Alraunmännle geradezu plakativ als Symbol der europäischen Volksmagie (Titel von SCHÖPF 2001. Das Alraunmännle stammt aus P. SCHÖFFER, ***Gart der Gesundheit***, 1485).

Hier wird ein alter Stich der Mandragora mit der Darstellung von Leonardo DA VINCIS »Proportionalen Menschen« kombiniert. Cover-Illustration eines ethnomedizinschen Buches. Kollage, Umschlag: ***SehStern***.
Manfred BRINKMANN (Hrsg.), ***Nachtschatten im Weissen Land: Betrachtungen zu alten und neuen Heilsystemen,*** Berlin: Verlagsgesellschaft Gesundheit, 1982.

Das Alraunmännle hinter einer Opiumpfeife. Buchumschlag: E. GILG und P.N. SCHÜRHOFF, ***Aus dem Reiche der Drogen***, Dresden: Schwarzbeck-Verlag, 1926. Leineneinband, Schwarz-Rot geprägt (ohne Angabe des Buchgestalters).

Die Alraune als Umschlagbild für ein volksmedizinisches Werk. Buch-Cover des Reprints der ***Encyklopädie der gesammten Volksmedicin*** von Georg Friedrich MOST (1794-1842), erschienen zu Leipzig bei Brockhaus im Jahre 1843 (Graz: Akademische Druck- und Verlagsanstalt, 1973/1984. Reprint unter dem Titel ***Encyklopädie der Volksmedicin***, Einleitung von Karl FRICK und Hans BIEDERMANN).

Antike Quellen

Aelian, *Das Wesen der Tiere*
Alexis, *Fragment*
Apollodoros, *Fragmente*
Apuleius, *Metamorphosen*
Aretaios, *De causa et signis diuturnorum morborum*
Aristoteles, *De Somnia*
Bibel
Celsus, *Bücher der Medizin*
Columella, *De re rustica*
Corpus Hippocraticum
Demosthenes
Dioskurides, *Arzneimittellehre*
Dioskurides Langobardus
Eusebios
Flavius Josephus, *Antiquitates Judaicae, Geschichte des Judäischen Krieges*
Galen, *Über zusammengesetzte Heilmittel*
Hesychios, *Historia,* Lexikon
Hippolyt, *Elenchos*
Lukian, *Vera historia, Göttergespräche*
Ovid, *Metamorphosen*
Orphische Argonauta
Papyrus Ebers
Philip von Makedonien
Physiologus
Platon, *Republik*
Plinius, *Naturgeschichte*
Plutarch, *Moralia*
Polyaenus, *Stratagematicon*
Rufus von Ephesus, *Über die Krankheiten*
Serenus Samonicus, *De medicina praecepta saluberrima*
Talmud
Stephanus
Theophrast, *Von der Ursache der Pflanzen*
Xenophon, *Symposion*
Zauberpapyrus Leiden

Moderne Literatur

ABRAHAM, Hartwig und Inge THINNES
1995 ***Hexenkraut und Zaubertrank.*** Greifenberg: Urs Freund.
AGRIPPA VON NETTESHEIM, Heinrich CORNELIUS
1982 ***Die magischen Werke.*** Wiesbaden: Fourier.
AHRENS, F. B.
1889 »Über das Mandragorin«. In: ***Berichte der Deutschen Chemischen Gesellschaft*** 22: 2159.
AIGREMONT, Dr. [Pseudonym]
1987 ***Volkserotik und Pflanzenwelt.*** Berlin: EXpress Edition (Reprint der beiden Bände von 1907/1910 in einer Ausgabe).
ALBERTS, Andreas und Peter MULLEN
2003 ***Aphrodisiaka aus der Natur: Von Alraune bis Zauberpilz - Bestimmung, Wirkung, Verwendung.*** Stuttgart: Kosmos.
ALIOTTA, Giovanni, Danielle PIOMELLI und Antonio POLLIO
1994 »Le piante narcotiche e psicotrope in Plinio e Dioscoride«. In: ***Annali dei Musei Civici de Revereto*** 9 (1993): 99-114.
ALLEGRO, John M.
1971 ***Der Geheimkult des heiligen Pilzes: Rauschgift als Ursprung unserer Religion.*** Wien: Molden.
1977 ***Lost Gods.*** London: Michael Joseph.
2000 »Der heilige Pilz und das Christentum«. In: Wolfgang BAUER et al. (Hrsg.), ***Der Fliegenpilz: Traumkult, Märchenzauber, Mythenrausch.*** Aarau: AT Verlag: 31-45.
APPUHN, Horst
1973 ***Der Fund im Nonnenkloster,*** Kloster Wienhausen.
ARENDS, G.
1935 ***Volkstümliche Namen der Arzneimittel, Drogen, Heilkräuter und Chemikalien*** (12. Auflage). Berlin: Springer.
ARENDS, Johannes
2001 ***Volkstümliche Namen der Drogen, Heilkräuter, Arzneimittel und Chemikalien*** (17. erweiterte Auflage). Berlin usw.: Springer.
ATHANASIUS
1987 ***Vita Antonii.*** Herausgegeben von Adolf Gottfried, Graz, Wien, Köln: Styria.
BADER, Marlis
2003 ***Räuchern mit heimischen Kräutern: Anwendung, Wirkung und Rituale im Jahreskreis.*** München: Kösel-Verlag.
BAUER, Wolfgang
1993 »Das wundertätige Wurzelkreuz in der Kirche von Maria Straßenengel«. In: ***Integration*** 4: 39-43.
BAUMANN, Hellmut
1982 ***Die griechische Pflanzenwelt in Mythos, Kunst und Literatur.*** München: Hirmer.

BECKMANN, Dieter und Barbara BECKMANN
1990 *Alraune, Beifuß und andere Hexenkräuter: Alltagswissen vergangener Zeiten.* Frankfurt am Main, New York: Campus.
BENGEN, Etta
2001 *Die große Welt der Gartenzwerge: Mythen, Herkunft, Traditionen - Ein historischer Rückblick.* Suderburg-Hösseringen: Edition anderweit Verlag.
BERENDES, Julius
1891 *Die Pharmacie bei den alten Culturvölkern.* Halle: Tausch & Grosse.
BERGER, Markus
2003 *Stechapfel und Engelstrompete: Ein halluzinogenes Schwesternpaar,* Solothurn: Nachtschatten Verlag.
BERRY, Michael I. und Betty P. JACKSON
1976 »European Mandrake (*Mandragora officinarum* L. und *M. autumnalis* BERTOL.). The Structure of the Rhizome and Root«. In: *Planta Medica* 30: 281-290.
BESLER, Basilus
1613 *Hortus Eystettensis*
1988 *Der Garten von Eichstätt: Das große Herbarium des Basilus Besler von 1613 (Hortus Eystettensis).* Mit einem Vorwort von Dieter VOGELLEHRER und botanischen Erläuterungen von Gérard G. AYMONIN. München: Schirmer-Mosel.
BEUTLER, Christian
1984 *Meister Bertram - der Hochaltar von St. Petri.* Frankfurt am Main: Fischer.
BIBRA, Ernst Freiherr von
1855 *Die narkotischen Genußmittel und der Mensch.* Nürnberg: W. Schmid.
BINGEN, Hildegard von
1985 *Ursachen und Behandlung der Krankheiten.* Heidelberg: Haug.
1991 *Heilkraft der Natur: »Physica«.* Augsburg: Pattloch [erste textkritische Übersetzung].
BOCK, H. Hieronymus
1577 *Kreütterbuch.* Straßburg: Josiam Rihel.
BOLAND, Maureen und Bridget
1983 *Was die Kräuterhexen sagen: Ein Magisches Gartenbuch.* München: dtv.
BORNEMANN, Ernest
1974 *Sex im Volksmund: Der obszöne Wortschatz der Deutschen* (2 Bände). Reinbek: Rowohlt.
1984 Lexikon der Sexualität. Herrsching: Pawlak.
BORRMANN, Norbert
2001 *Frankenstein und die Zukunft des künstlichen Menschen.* München: Diederichs.
BOULOS, LOUFTY und M. Nabil EL-HADIDI
1989 *The Weed Flora of Egypt,* Kairo: The American University in Cairo Press.

BOURKE, John Gregory
1913 ***Der Unrat in Sitte, Brauch, Glauben und Gewohnheitsrecht der Völker.*** Übersetzt und neubearbeitet von Friedrich S. KRAUSS und H. IHM; Geleitwort von Sigmund FREUD. Leipzig: Ethnologischer Verlag [Reprint: Frankfurt am Main: Eichborn, 1996].

BRAEM, Harald
1995 ***Magische Riten und Kulte: Das dunkle Europa.*** Stuttgart, Wien: Weitbrecht.

BREMNESS, Lesley
1994 ***Kräuter, Gewürze und Heilpflanzen.*** Ravensburg: Ravensburger Buchverlag.

BRINKMANN, Manfred (Hrsg.)
1982 ***Nachtschatten im Weisen Land: Betrachtungen zu alten und neuen Heilsystemen.*** Berlin: Verlagsgesellschaft Gesundheit.

BROSSE, Jacques
1990 ***Mythologie der Bäume.*** Olten, Freiburg: Walter-Verlag.

BRØNDEGARRD, V.J. und Peter DILG
1985 »Orchideen als Aphrodisiaca«. In: V.J. BRØNDEGARRD, ***Ethnobotanik.*** Berlin: Mensch und Leben: 135-157.

BRUGSCH, Heinrich
1918 »Die Alraune als ägyptische Zauberpflanze«. In: ***Zeitschrift für ägyptische Sprache und Altertumskunde*** 29: 31-33.

BUNNER-TRAUT, Emma
1991 ***Altägyptische Märchen.*** München: Diederichs.

BRUNNFELTZ, Otho [= BRUNFELS]
1532 ***Kreüterbuch.*** Straßburg: Schotten.

CALAND, Marianne und Patrick
1992 ***Weihrauch & Räucherwerk.*** Aitrang: Windpferd.

CALLEJO CABO, Jesús [Illustrationen: Manuel DÍEZ PERNÍA]
2000 ***Gnomos y otros espíritus masculinos de la naturaleza*** (6. Auflage). Madrid, México, Buenos Aires: EDAF (Guía d los Seres mágicos de España).

CARL, Helmut
1995 ***Die Deutschen Pflanzen- und Tiernamen: Deutung und sprachliche Ordnung.*** Wiesbaden: Quelle & Meyer Verlag (Reprint 1957).

CRANACH, Diana von
1981 »Drogen im alten Ägypten«. ***Rausch und Realität.*** Band 1: 266-269.

D'ARCY, William G.
1991 »The Solanaceae since 1976, with a Review of its Bibliography«. In: HAWKES, LESTER, NEE und ESTRADA (Hrsg.), ***Solanaceae III: Taxonomy, Chemistry, Evolution.*** London: Royal Botanic Gardens Kew and Linnean Society: 75-138.

DAHL, Jürgen
1985 »Die Zauberwurzel der kleinen Leute ...«, ***Natur*** 6/85: 83-84.

DANIELOU, Alain
1992 ***Gods of Love and Ecstasy: The Traditions of Shiva and Dionysus.*** Rochester, Vermont: Inner Traditions.

DEB, D. B.
1979 »Solanaceae in India«. In: J. G. HAWKES et al. (Hrsg.), ***The Biology and Taxonomy of the Solanaceae.*** London usw.: Academic Press, 87-112.
DIERBACH, Johann Heinrich
1833 ***Flora Mythologica oder Pflanzenkunde in Bezug auf Mythologie und Symbolik der Griechen und Römer.*** Schaan/Liechtenstein: Sändig Reprint (1981).
DIOSKURIDES, Pedanios
1610 ***Kreutterbuch.*** Bearbeitete Übersetzung von Ioannes DANZIUS durch Peter UFFENBACH. Frankfurt am Main: Conrad Corthons.
1902 ***Arzneimittellehre.*** Übersetzt und kommentiert von J. BERENDES. Stuttgart: Enke. [Reprint: Schaan/Liechtenstein, Sändig Reprint Verlag, 1983]
DRURY, Nevill
1988 ***Lexikon esoterischen Wissens.*** München: Knaur.
1989 ***Der Schamane und der Magier: Reisen zwischen den Welten.*** Basel: Sphinx.
2004 ***Magie: Vom Schamanismus und Hexenkult bis zu den Technoheiden.*** Aarau, München: AT Verlag.
ELIADE, Mircea
1942 »Le Mandragore et le mythes de la ›naissance miraculeuse‹«. In: ***Zalmoxis*** 3: 3-48.
1982 ***Von Zalmoxis zu Dschingis-Khan.*** Köln: Hohenheim.
1992 ***Schamanen, Götter und Mysterien: Die Welt der alten Griechen.*** Freiburg im Breisgau: Herder.
EMBODEN, William A.
1974 ***Bizarre Plants,*** New York: Macmillan.
1977 »Dionysus as a Shaman and Wine as a Magical Drug«. In: ***Journal of Psychedelic Drugs*** 9(3): 187-192.
1989 »The Sacred Journey in Dynastic Egypt: Shamanistic Trance in the Context of the Narcotic Water Liliy and the Mandrake«. In: ***Journal of Psychoactive Drugs*** 21(1): 61-75.
EWERS, Hanns Heinz
1911 ***Alraune*** (viele Ausgaben).
FAIRLEY, Peter
1992 »Probably the Oldest Lager in the World ...«. In: ***New Scientist*** 16. Mai: 6.
FESTI, Francesco und Giovanni ALIOTTA
1990 »Piante psicotrope spontanee o coltivate in Italia«. In: ***Annali dei Musei Civici di Rovereto*** 5 (1989): 135-166.
FINK, Hans
1983 ***Verzaubertes Land: Volkskult und Ahnenbrauch in Südtirol.*** Innsbruck, Wien: Tyrolia.
FLAUBERT, GUSTAVE
1979 ***Die Versuchung des heiligen Antonius***

FLEISHER, Alexander und Zhenia FLEISHER
1992 »The Odoriferous Principle of Mandrake, ***Mandragora officinarum*** L. Aromatic Plants of the Holy Land and the Sinai. Part IX«. In: ***Journal of Essential Oil Research*** 4: 187-188.
1994 »The Fragrance of Biblical Mandrake«. In: ***Economic Botany*** 48(3): 243-251.
FILLIPETTI, Hervé und Janine TROTEREAU
1979 ***Zauber, Riten und Symbole: Magisches Brauchtum im Volksglauben.*** Freiburg im Breisgau: Bauer.
FONT QUER, Pío [1888-1964]
2002 ***Plantas medicinales: El Dioscórides renovado*** (4. Auflage). Barcelona: Ediciones Pemínsula.
FORSTNER, Dorothea
1986 ***Die Welt der christlichen Symbole.*** Innsbruck, Wien: Tyrolia.
FOUQUÉ, Friedrich de la Motte
1983 »Eine Geschichte vom Galgenmännlein«. In: Horst HEIDTMANN (Hrsg.). In: ***Teufelsträume - phantastische Geschichten des 19. Jahrhunderts.*** München: dtv: 7-33.
FOWDEN, Garth
1993 ***The Egyptian Hermes: A Historical Approach to the Late Pagan Mind.*** Princeton, New Jersey: Princeton University Press.
FRAZER, J.
1917 »Jacob and the Mandrakes«. In: ***Proceedings of the British Academy*** 8: 346ff.
FRIEDREICH, J. B.
1966 ***Zur Bibel: Naturhistorische, anthropologische und medicinische Fragmente.*** Bad Reichenhall: Antiquariat Rudolf Kleinert (Reprint von 1848).
FRERICHS, G., G. ARENDS und H. ZÖRNIG (Hrsg.)
1938 ***Hagers Handbuch der pharmazeutischen Praxis*** (3 Bände). Berlin: J. Springer.
FROND, Brian und Alan LEE
1979 ***Das große Buch der Geister.*** Oldenburg und München: Stalling.
FRÜH, Sigrid
2000 ***Rauhnächte: Märchen, Brauchtum, Aberglaube*** (6. Auflage). Waiblingen: Verlag Stendel (1. Auflage 1998).
FUCHS, Leonhart
1543 ***New Kreüterbuch.*** Basel: Michel Isingrin.
1545 ***Laebliche abbildung und contrafaytung aller kreüter.*** Basel: Michel Isingrin.
GÉLIS, Jacques
1989 ***Die Geburt.*** München: Diederichs.
GEORGIADES, Christos Ch.
1990 ***Zyperns Natur: Landschaft - Flora - Fauna.*** Nikosia: Ch. Georgiades.
GERARD, John
1633 ***The Herbal or General History of Plants.*** Revidiert und erweitert von Thomas JOHNSON, London: Norton & Whitaker.

GERMER, Renate
1979 *Untersuchung über Arzneimittelpflanzen im Alten Ägypten.* Hamburg: diss. MS.
1985 *Flora des pharaonischen Ägypten.* Mainz: Philipp von Zabern.
1986 *Die Pflanzen des Alten Ägypten.* Berlin: Verlag Botanisches Museum.
GESSMANN, G.[ustav] W. [1860-1924]
1922 *Die Pflanze im Zauberglauben und in der spagyrischen (okkulten) Heilkunst.* Katechismus der Zauberbotanik mit einem Anhang über Pflanzensymbolik (2. ergänzte und erweiterte Auflage). Berlin: Siegismund.
Ohne Dat. *Die Pflanze im Zauberglauben.* Den Haag: J.J. Couvreur [Reprint].
GILG, E. und P.N. SCHÜRHOFF
1926 *Aus dem Reiche der Drogen: Geschichtliche, kulturgeschichtliche und botanische Betrachtungen über wichtigere Drogen.* Dresden: Schwarzbeck-Verlag.
GOLOWIN, Sergius
1970 *Hexer und Henker im Galgenfeld.* Bern: Benteli.
1985 *Die Magie der verbotenen Märchen: Von Hexendrogen und Feenkräutern* (5. Auflage). Gifkendorf: Merlin [zuerst 1973 Merlin Verlag, Hamburg].
GOLOWIN, Sergius (Hrsg.)
1982 *Kult und Brauch der Kräuterpfeife in Europa.* Allmendingen: Verlag der Melusine.
2003 *Von Elfenpfeifen und Hexenbier: Magie um unsere Genussmittel.* Solothurn: Nachtschatten Verlag.
GOLTZ, Dietlinde
1974 »Studien zur altorientalischen und griechischen Heilkunde: Therapie – Arzneizubereitung – Rezeptstruktur«. In: *Sudhoffs Archiv, Beiheft* 16. Wiesbaden: Steiner.
GRIFFITH, F. Ll. und Herbert THOMPSON
1974 *The Leyden Papyrus: An Egyptian Magical Book.* New York: Dover.
GRIGSON, Geoffrey
1978 *Aphrodite: Göttin der Liebe.* Bergisch-Gladbach: Gustav Lübbe Verlag.
GRIMM, Jakob
1968 *Deutsche Mythologie* (Nachdruck der 4. Auflage, Berlin 1875-78), [Graz: Akademische Druck- u. Verlagsanstalt] Wiesbaden: Drei Lilien Edition (3 Bände).
GRÖNBECH, Wilhelm
1997 *Kultur und Religion der Germanen* (12. Auflage). Darmstadt: PRIMUS/WBG.
GROVER, Norman
1965 »Man and Plants Against Pain«. *Economic Botany* 19: 99-111.
HAAG, Stefan
2002 *Von Druidentrank und Hexenkraut: Heil- und Zauberpflanzen aus aller Welt.* Stuttgart: Kosmos.
HAERKÖTTER Gerd und Marlene HAERKÖTTER
1986 *Hexenfurz und Teufelsdreck.* Frankfurt am Main: Eichborn.
HANSEN, Harold A.
1981 *Der Hexengarten.* München: Trikont-Dianus.

HARRIS, J. Rendel
1917 »The Origin of the Cult of Aphrodite«. Manchester, England: ***John Rylands Library, Bulletin*** Vol. 3: 354-381.
HARTWICH, Carl
1911 »Die Mandragorawurzel«. In: ***Schweizerische Wochenschrift für Chemie und Pharmazie*** No. 20, Zürich.
1911 ***Die menschlichen Genussmittel.*** Leipzig: Tauchnitz.
HASENFRATZ, Hans-Peter
1992 ***Die religiöse Welt der Germanen: Ritual, Magie, Kult, Mythos.*** Freiburg, Basel, Wien: Herder.
HEIDE, Frits
1921 »Alrunen i det gamle Aegypten«. In: ***Tidsskrift for Historisk Botanik*** 1: 21.
HEILMANN, Karl Eugen
1973 ***Kräuterbücher in Bild und Geschichte.*** München: Kölbl. [Zahlreiche Alraunendarstellungen aus verschiedenen Werken].
HEILMANN, Werner (Hrsg.)
1981 ***Look-Book.*** München: Heyne.
HEISER, Charles B.
1987 ***The Fascinating World of the Nightshades.*** New York: Dover.
HELCK, Wolfgang
1971 ***Das Bier im alten Ägypten.*** Berlin: GGBB.
HEPPER, F. Nigel
1969 »Arabian and African Frankincense Trees«. In: ***Journal of Egyptian Archaeology*** (London) 55: 66-72.
1992 ***Pflanzenwelt der Bibel.*** Stuttgart: Deutsche Bibelgesellschaft.
HESSE, O.
1901 »Über die Alkaloide der Mandragorawurzel«. In: ***Journal für praktische Chemie*** 172: 274-286.
HEYNE, Isolde
1994 ***Hexenfeuer.*** Ravensburg: Ravensburger. [Historischer Roman].
HIRSCHFELD, Magnus und Richard LINSERT
1930 ***Liebesmittel: Eine Darstellung der geschlechtlichen Reizmittel*** (Aphrodisiaca). Berlin: Man Verlag.
HOCKING, George M.
1947 »Henbane: Healing Herb of Hercules and Apollo«. In: ***Economic Botany*** 1: 306-316.
HÖFLER, Max
1892 ***Wald- und Baumkult in Beziehung zur Volksmedicin Oberbayerns.*** München: Stahl.
1911 »Volksmedizinische Botanik der Kelten«. In: ***Archiv für Geschichte der Medizin*** 5 (1/2): 1-35, 5 (4/5): 241-279.
1990 ***Volksmedizinische Botanik der Germanen.*** Berlin: VWB (Reprint von 1908).

1994 ***Volksmedizin und Aberglaube in Oberbayern Gegenwart und Vergangenheit.*** Vaduz/Liechtenstein: Sändig Reprint (von 1888).

HOVORKA, O. v. und A. KRONFELD

1908 ***Vergleichende Volksmedizin.*** Stuttgart: von Strecker & Schröder (Band 1 zur Mistel: 305-09).

HUBER, E.

1926 »Bier und Bierbereitung im alten Ägypten«. In: ***Bier und Bierherstellung bei den Völkern der Urzeit***: 33-46, Berlin: VGGBB.

HUGONOT, J.-C.

1992 »Ägyptische Gärten«. In: M. CARROLL-SPILLECKE (Hrsg.), ***Der Garten von der Antike bis zum Mittelalter.*** Mainz: Philipp von Zabern: 9-44.

HYLANDS, Peter J. und El-Sayed S. MANSOUR

1982 »A Revision of the Structure of Cucurbitacin S from Bryonia dioica«. ***Phytochemistry*** 21(11): 2703-2707.

HYSLOP, Jon und Paul RATCLIFFE

1989 ***A Folk Herbal.*** Oxford: Radiation Publications.

IATRIDIS, Yanoukos

1986 ***Blumen von Kreta.*** Athen: Selbstverlag.

JACKSON, Betty P. und Michael I. BERRY

1973 »Hydroxytropane Tiglates in the Roots of Mandragora Species«. ***Phytochemistry*** 12: 1165-1166.

1979 »Mandragora - Taxonomy and Chemistry of the European Species«. In: J. G. HAWKES et al. (Hrsg.), ***The Biology and Taxonomy of the Solanaceae.*** London usw.: Academic Press: 505-512.

JACOB, Irene und Walter (Hrsg.)

1993 ***The Healing Past: Pharmaceuticals in the Biblical and Rabbinic World.*** Leiden: Brill.

KARGER-DECKER, Bernt [wissenschaftliche Mitarbeit: Peter OEHME]

1967 ***Gifte, Hexensalben, Liebestränke.*** Leipzig: Koehler & Amelang.

KHLOPIN, Igor N.

1980 »Mandragora turcomanica in der Geschichte der Orientalvölker«. In: ***Orientalia Lovaniensia Periodica*** 11: 223-231.

KILLERMANN, H.

1917 »Der Alraun (Mandragora)«. In: ***Naturwissenschaftliche Wochenschrift*** N.F. 16: 137-144.

KLERINGS, Mona und Ingo SCHMAAL [jugend hilft jugend e.V.]

2002 ***Im Rausch mit der Natur: Naturdrogen.*** Hamburg: Edition Nautilus, Verlag Lutz Schulenburg.

KLUGE, Heidelore

1988 ***Zaubertränke und Hexenküche: Die geheimen Rezepte und Tinkturen der weisen Frauen.*** München: Heyne.

KLUGE, Valentin

Ohne Dat. ***Potenzsteigernde Mittel.*** München: Lichtenberg Verlag [zirka 1969/70].

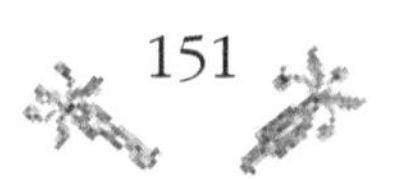

KÖLBL, Konrad
1983 *Kölbl's Kräuterfibel* (20. Auflage). Grünwald: Reprint-Verlag Konrad Kölbl.
KOTTEK, Samuel S.
1994 *Medicine and Hygiene in the Works of Flavius Josephus.* Leiden usw.: E.J. Brill.
KRÄUTERMANN, Valentino
1725 *Der Curieuse und vernünfftige Zauber-Arzt.* Frankfurt, Leipzig: E.L. Riedt.
KRAUSE, Wolfgang
1970 *Runen.* Sammlung Göschen, Berlin: De Gruyter.
KRAUSS, Friedrich S.
1913 »Ein altwiener Alraunmännchen«. In: *Anthropophyteia* 10: 29-33.
KREUTER, Marie-Luise
1982 *Wunderkräfte der Natur: Von Alraunen, Ginseng und anderen Wunderwurzeln.* München: Heyne.
KRUG, Antje
1993 *Heilkunst und Heilkult: Medizin in der Antike.* München: C.H. Beck.
KUHLEN, Franz-Josef
1983 *Zur Geschichte der Schmerz-, Schlaf- und Betäubungsmittel in Mittelalter und früher Neuzeit.* Marburg, Stuttgart: Dissertation.
KURZER, Michael [Text] und Udo PELLMANN [Bilder]
1995 *Das kleine Buch der Gartenzwerge.* Würzburg: Stürtz Verlag.
KYBER, Manfred
1985 *Das Manfred Kyber Buch.* Reinbek: Rowohlt.
LAARß, R.[ichard] H.
1925 *Dämon Rausch: Eine Abhandlung über den Mißbrauch von Betäubungsmitteln (Opium, Morphium, Kokain, Äther, Haschisch und andere).* Leipzig: Talisverlag.
Ohne Datum *Das Geheimnis der Amulette und Talismane.* Den Haag: J.J. Couveur. Nachdruck der 2. vollständig neubearbeiteten Auflage von 1926.
1988 *Das Buch der Amulette und Talismane.* München: Diederichs, Nachdruck der 3. erweiterten Auflage, Leipzig 1932.
LABOUVIE, Eva
1991 *Zauberei und Hexenwerk: Ländlicher Hexenglaube in der frühen Neuzeit.* Frankfurt am Main: Fischer.
LENZ, Harald Othmar
1966 *Botanik der Griechen und Römer.* Vaduz: Sändig Reprint (von 1859).
LESKO, Leonard H.
1978 *King Tut's Wine Cellar.* Berkeley: B. C. Scribe Publications.
LEWIN, Louis
1924 *Phantastica: Die Betäubenden und erregenden Genussmittel.* Berlin: Georg Stilke.
1927 *Phantastica: Die Betäubenden und erregenden Genussmittel. Für Ärzte und Nichtärzte* (2. erweiterte Auflage). Berlin: Georg Stilke.

LONICERUS, Adamus
1679 ***Kreuterbuch.*** Frankfurt: Matthius Wagner.
LU, An-ming
1986 »Solanaceae in China«. In: William G. D'ARCY (Hrsg.), ***Solanaceae: Biology and Systematics.*** New York: Columbia University Press: 79-85.
LUCK, Georg
1962 ***Hexen und Zauberei in der Römischen Dichtung.*** Zürich: Artemis.
1990 ***Magie und andere Geheimlehren in der Antike.*** Stuttgart: Kröner.
LUSSI, Kurt
2002 ***Im Reich der Geister und tanzenden Hexen: Jenseitsvorstellungen, Dämonen und Zauberglaube.*** Aarau: AT Verlag.
MADEJSKY, Margret
2003 »Rauhnachtsbräuche«. In: ***Naturheilpraxis*** 56 (12) 12/2003: 1706-1711.
MANDL, Elisabeth
1985 ***Arzneipflanzen in der Homöopathie.*** Wien, München, Bern: Verlag Wilhem Maudrich.
MANNICHE, Lise
1988 ***Liebe und Sexualität im alten Ägypten.*** Zürich, München: Artemis.
1989 ***An Ancient Egyptian Herbal.*** London: British Museum.
MARTINI, F. C.
1977 ***Pianti medicamentosi e rituali magico-religiosi in Plinio.*** Roma: Bulzoni.
MARZELL, Heinrich
1926 ***Alte Heilkräuter.*** Jena: Eugen Diederichs.
1927 »Alraun«. In: ***Handwörterbuch des Deutschen Aberglaubens.*** Band 1: 311-323, Berlin: de Gruyter.
1935 ***Volksbotanik: Die Pflanze im Deutschen Brauchtum.*** Berlin: Verlag Enckehaus.
1964 ***Zauberpflanzen - Hexentränke.*** Stuttgart: Kosmos.
MATTHIOLUS, Pierandrea
1626 ***Kreutterbuch.*** Frankfurt am Main: J. Fischers Erben.
MAUGINI, E.
1959 »Ricerce sul Genere Mandragora«. ***Nuovo Giornale Botanico Italiano e Bolletino della Societa Botanica Italiana*** (n.s.) 66(1-2): 34-60.
MECHLER, Ernst
1993 »Mandragora«. In: ***Hagers Handbuch der pharmazeutischen Praxis*** (5. Auflage). Band 5: 762-767, Berlin: Springer.
MEHRA, K. L.
1979 »Ethnobotany of Old World Solanaceae«. In: J. G. HAWKES et al. (Hrsg.), ***The Biology and Taxonomy of the Solanaceae.*** London usw.: Academic Press: 161-170.
MERCATANTE, Anthony
1980 ***Der magische Garten.*** Zürich: Schweizer Verlagshaus.
MITROVIC, Alexander
1907 »Mein Besuch bei einer Zauberfrau in Norddalmatien«. In: ***Anthropophyteia*** 4: 227-236.

MITSUHASHI, Hiroshi (Hrsg.)
1988 ***Illustrated Medicinal Plants of the World in Colour.*** Tokyo: Hokuryukan [auf Japanisch].
MOLDENKE, Harold N. und Alma L. MOLDENKE
1986 ***Plants of the Bible.*** New York: Dover.
MOST, Georg Friedrich
1843 ***Encyklopädie der gesammten Volksmedicin.*** Leipzig: Brockhaus.
MÜLLER, Irmgard
1982 ***Die pflanzlichen Heilmittel bei Hildegard von Bingen.*** Salzburg: Otto Müller Verlag.
MÜLLER-EBELING, Claudia
1987 »Die Alraune in der Bibel«. In: SCHLOSSER: 141-149.
Ohne Datum »Die Alraune in der Bibel«. In: Roland RANKE RIPPCHEN, ***Das Böse Bibel Buch.*** Löhrbach: Werner Pieper's Medienexperimente, 97-100.
1991 »Wolf und Bilsenkraut, Himmel und Hölle: Ein Beitrag zur Dämonisierung der Natur«. In: Susanne G. SEILER (Hrsg.), ***Gaia - Das Erwachen der Göttin.*** Braunschweig: Aurum: 163-182.
1993 »Die Dämonisierung der Natur«. In: Christina RÄTSCH (Hrsg.), ***Naturverehrung und Heilkunst.*** Südergellersen: Bruno Martin: 23-35.
MÜLLER-EBELING, Claudia und Christian RÄTSCH
1986 ***Isoldens Liebestrank:Aphrodisiaka in Geschichte und Gegenwart.*** München: Kindler.
MÜLLER-EBELING, Claudia, Christian RÄTSCH und Surendra Bahadur SHAHI
2000 ***Schamanismus und Tantra in Nepal.*** Aarau: AT Verlag.
MÜLLER-EBELING, Claudia, Christian RÄTSCH und Wolf-Dieter STORL
1998 ***Hexenmedizin: Die Wiederentdeckung einer verbotenen Heilkunst - Schamanische Traditionen in Europa.*** Aarau: AT Verlag [3. Auflage 2001].
MÜLLERN-SCHÖNHAUSEN, Dr. Johannes von
ohne Datum (um 1958) ***Die Lösung des Rätsel's von Adolf Hitler. Der Versuch einer Deutung der geheimnisvollen Erscheinungen der Weltgeschichte.*** Wien: Verlag zur Förderung wissenschaftlicher Forschung
MURR, Josef
1890 ***Die Pflanzenwelt in der griechischen Mythologie.*** Innsbruck.
NAUWALD, Nana
2002 ***Bärenkraft und Jaguarmedizin: Die bewusstseinsöffenenden Techniken der Schamanen.*** Aarau: AT Verlag.
NEMEC, Helmut
1976 ***Zauberzeichen: Magie im volkstümlichen Bereich.*** Wien, München: Verlag Anton Schroll.
PAGE, R. I.
1989 ***Runes: Reading the Past.*** University of California Press, British Museum.

PAHLOW, Mannfried
1993 *Das große Buch der Heilpflanzen.* Überarbeitete Neuausgabe. München: Gräfe und Unzer.
PALMER, John
1940 *Mandragora.* London: Victor Gollancz.
PAULSEN, Christine und Paul WILHELM
1994 *Von Ginseng ist die Rede.* Hamburg: Schriftenreihe Habermann (Nernstweg 24, D 22765 Hamburg).
PERGER, K. Ritter von
1864 *Deutsche Pflanzensagen.* Stuttgart, Oehringen: Schaber.
PETERS, Hermann
1886 »Alraune«, *Mitteilungen aus dem germanischen Nationalmuseum.* 1 (1884-86): 243-246.
PEUCKERT, Will-Erich
1951 *Geheimkulte.* Heidelberg: Carl Pfeffer Verlag (Nachdruck Hildesheim, Olms Verlag, 1988).
1978 *Deutscher Volksglaube im Spätmittelalter.* Hildesheim, New York: Georg Olms Verlag (Nachdruck der Ausgabe von 1942).
POLLIO, Antonino, Giovanne ALIOTTA und E. GIULIANO
1988 »Etnobotanica delle Solanaceae allucinogene europee«. In: *Atti del Congresso Internazionale di Storia della Farmacia,* Piacenza: 217-219.
POLUNIN, Oleg und Adam STAINTON
1985 *Flowers of the Himalaya.* Delhi usw.: Oxford University Press.
PRAETORIUS, Johannes [1630-1680]
1669 *Blockes-Berges Verrichtung* ... Leipzig: Johann Scheiben, Frankfurt am Main: Friedrich Arnsten.
1979 *Hexen-, Zauber- und Spukgeschichten aus dem Blocksberg.* Herausgegeben von Wolfgang MÖHRIG, Frankfurt am Main: Insel.
RAC 9
Ohne Datum *Reallexikon für Antike und Christentum.* Herausgegeben von Theodor Klauser, Stuttgart: Anton Hiersemann 1976, Band 9.
RÄTSCH, Christian
1986 »Die Alraune heute«. In: STARCK 1986: 87-109.
1987a »Einleitung« zu SCHLOSSER 1987: vii-xxiv.
1987b »Der Rauch von Delphi: Eine ethnopharmakologische Annäherung«. In: *Curare* 10(4): 215-228.
1990 *Die »Orientalischen Fröhlichkeitspillen« und verwandte psychoaktive Aphrodisiaka.* Berlin: VWB.
1991 *Le Piante dell'Amore.* Gremese Editore.
1992 *The Dictionary of Sacred and Magical Plants. Santa Barbara,* CA: ABC-Clio.
1992 »Die heiligen Pflanzen unserer Ahnen«. In: ders. (Hrsg.), *Das Tor zu inneren Räumen.* Südergellersen: Verlag Bruno Martin.

1993a »Mysterien der Aphrodite«. In: ders. (Hrsg.), ***Naturverehrung und Heilkunst.*** Südergellersen: Bruno Martin: 191-210.
1993b »Die Mysterien der Liebesgöttin«. In: ***Esotera*** 9/93: 28-33.
1994 »Die Alraune in der Antike«. In: ***Annali dei Musei Civici dei Roveretto*** 10: 249-296.
1995 ***Heilkräuter der Antike in Ägypten, Griechenland und Rom.*** München: Diederichs Verlag.
1995 ***Pflanzen der Liebe.*** Aarau: AT Verlag.
1996 ***Urbock: Bier jenseits von Hopfen und Malz.*** Aarau: AT Verlag.
1997 ***Die Steine der Schamanen: Kristalle, Fossilien und die Landschaften des Bewußtseins.*** München: Diederichs (DGM 2).
1998a ***Enzyklopädie der psychoaktiven Pflanzen.*** Aarau: AT Verlag. [6. erweiterte Auflage 2002]
1998b ***Heilkräuter der Antike in Ägypten, Griechenland und Rom*** (2. korrigierte Auflage). München: Diederichs (DG 115).
1998c ***Hanf als Heilmittel: Ethnomedizin, Anwendungen und Rezepte*** (Vollständig überarbeitete und ergänzte Neuauflage). Aarau: AT Verlag.
1999 ***Räucherstoffe - Der Atem des Drachen*** (2. erweiterte Auflage). Aarau: AT Verlag.
2002 ***Schamanenpflanze Tabak. Band 1: Kultur und Geschichte des Tabaks in der Neuen Welt.*** Solothurn: Nachtschatten Verlag.
2003 ***Schamanenpflanze Tabak. Band 2: Ein Kraut erobert die Alte Welt.*** Solothurn: Nachtschatten Verlag.
2003 ***Las Plantas de Venus.*** Übersetzt von Berta Barenberg, Barcelona: Cáñamo Ensayo.
2003 »Compositores clásicos y sus ›musas‹ psicoactivas«. In: ***Cáñamo Especial, Música y drogas*** (Dezember 2003): 28-36.

RÄTSCH, Christian und Claudia MÜLLER-EBELING
2003a ***Lexikon der Liebesmittel: Pflanzliche, mineralische, tierische und synthetische Aphrodisiaka.*** Aarau: AT Verlag. Ebenfalls: Stuttgart: Wissenschaftliche Verlagsgesellschaft.
2003b ***Weihnachtsbaum und Blütenwunder: Geheimnisse, Herkunft und Gebrauch traditioneller Weihnachtspflanzen.*** Aarau und München: AT Verlag.

Rahner, Hugo
1957 ***Griechische Mythen in christlicher Deutung.*** Zürich: Rhein-Verlag.

RANDOPLPH, Ch. Brewster
1905 »The Mandragora of the Ancients in Folklore and Medicine«. In: ***Proceedings of the American Academy of Arts and Sciences*** 40: 487-537.

RIPINSKY-NAXON, Michael
1993 ***The Nature of Shamanism.*** Albany: State University of New York Press.

REKO, Victor A.
1938 ***Magische Gifte: Rausch- und Betäubungsmittel der neuen Welt*** (2. überarbeite Auflage). Stuttgart: Enke.

RIEGLER
1931 »Hase«. In: E. HOFFMANN-KRAYER und Hanns BÄCHTHOLD-STÄUBLI (Hrsg.), ***Handwörterbuch des Deutschen Aberglaubens.*** Band III, Berlin und Leipzig: Walter de Gruyter, Seite 1503-1526.

RIPPE, Olaf, Margret MADEJSKY, Max AMANN, Patricia OCHSNER und Christian RÄTSCH
2001 ***Paracelsusmedizin: Altes Wissen in der Heilkunst von heute.*** Aarau: AT Verlag (2. Auflage 2002).

ROBBINS, Tom
1987 ***Ein Platz für Hot Dogs.*** Reinbek: Rowohlt.

ROSENBERG, Alfons
1988 ***Die Frau als Seherin und Prophetin.*** München: Kösel.

ROSNER, Fred
1980 »Mandrakes and Other Aphrodisiacs in the Bible and Talmud«. In: ***Koroth*** 7 (Jerusalem).
1993 »Pharmacology and Dietics in the Bible and Talmud«. In: JACOB: 1-26.

ROTH, Lutz, Max DAUNDERER und Kurt KORMANN
1994 ***Giftpflanzen - Pflanzengifte*** (4. überarbeitete und wesentlich erweiterte Auflage). Landsberg, München: Ecomed.

ROWLING, Joanne K.
1999 ***Harry Potter und die Kammer des Schreckens.*** Hamburg: Carlsen Verlag.

RUCK, Carl A. P.
1982 »The Wild and the Cultivated: Wine in Euripides' Bacchae«. In: ***Journal of Ethnopharmacology*** 5: 231-270.

SAMORINI, Giorgio
1998 ***Halluzinogene im Mythos: Vom Ursprung psychoaktiver Pflanzen.*** Mit einem Vorwort von Christian RÄTSCH, Solothurn: Nachtschatten Verlag.

SCANZIANI, Piero
1972 ***Amuleti e Talismani.*** Chiasso (CH): Elvetica Edizioni SA.

SCHENK, Gustav
1943a ***Das wunderbare Leben*** - Roman. Berlin: Verlag Die Heimbücherei John Jahr. Einbandentwurf und Textzeichnungen von Grethe Jürgens, Hannover.
1943b ***Traum und Tat - Aufzeichnungen aus zwei Jahrzehnten.*** Hannover: Adolf Sponholtz Verlag.
1948 ***Schatten der Nacht: Die Macht des Giftes in der Welt.*** Hannover: Adolf Sponholtz Verlag.
1954 ***Das Buch der Gifte.*** Berlin: Safari-Verlag.
1959 ***Vor der Schwelle der letzten Dinge: Über die neuesten Forschungen und Erkenntnisse der Chemie und Physik.*** Berlin: Safari-Verlag (Neuauflage).
1960 ***Die Bärlapp-Dynastie: Eine Pflanze erobert die Erde.*** Berlin, Bad Herrenalb, Frankfurt am Main: Verlag für Internationalen Kulturaustausch.

SCHIERING, Walther
1927 »Bilsenkraut: Eine okkultistisch-kulturgeschichtliche Betrachtung«. In: ***Zentralblatt für Okkultismus:*** 23-31, Leipzig [reprintet in Bauerreis 1995: 81-91].

SCHIPPERGES, Heinrich
1990 ***Der Garten der Gesundheit: Medizin im Mittelalter.*** München: dtv.
SCHMIDBAUER, Wolfgang
1969 »Die magische Mandragora«. In: ***Antaios*** 10: 274-286.
SCHMIEDEBERG, O.
1918 »Über die Pharmaka in der Illias und Odyssee«. In: ***Schriften der wissenschaftlichen Gesellschaft in Straßburg*** 36.
SCHMIDT, Philipp
1941 ***Volkskundliche Plaudereien.*** Bonn: #. Kapitel »Alraune, die segensreiche Heckenwurz«.
SCHMITZ, Rudolf und Franz-Josef KUHLEN
1989 »Schmerz- und Betäubungsmittel vor 1600«. In: ***Pharmazie in unserer Zeit*** 18(1): 11-19.
SCHLOSSER, Alfred
1987 ***Die Sage vom Galgenmännlein im Volksglauben und in der Literatur.*** Berlin: EXpress Edition (Reprint von 1912).
SCHOEN, Ernest
1963 ***Nomina popularia plantarum medicinalium.*** [Schweiz]: Galenica.
SCHÖPF, Hans
1986 ***Zauberkräuter,*** Graz: ADEVA.
2001 ***Volksmagie: Vom Beschwören, Heilen und Liebe zaubern.*** Graz, Wien, Köln: STYRIA.
SCHOLZ, E.
1995 »Alraunenfrüchte – ein biblisches Aphrodisiakum«. In: ***Zeitschrift für Phytotherapie*** 16: 109-110.
SCHOPEN, Armin
1983 ***Traditionelle Heilmittel in Jemen.*** Wiesbaden: Franz Steiner Verlag.
SCHREINER, Stefan
1981 ***Das Lied der Lieder von Schelomo.*** Bremen: Schünemann.
SCHULTES, Richard E. und Albert HOFMANN
1980 ***The Botany and Chemistry of Hallucinogens.*** Springfield, Ill.: Charles C. Thomas.
1987 ***Pflanzen der Götter.*** Bern: Hallwag.
SCHULTES, Richard E., Albert HOFMANN und Christian RÄTSCH
1998 ***Pflanzen der Götter*** (Revidierte Ausgabe). Aarau: AT Verlag.
2001 ***Plants of the Gods*** (Revised Edition). Rochester, Vermont: Inner Traditions.
SEEßLEN, Georg
1980 ***Kino des Utopischen.*** Reinbek: Rowohlt.
SEEßLEN, Georg und Claudius WEIL
1980 ***Kino des Phantastischen.*** Reinbek: Rowohlt.
SELIGMANN, Siegfried
1996 ***Die magischen Heil- und Schutzmittel aus der belebten Natur: Das Pflanzenreich.*** Aus dem Nachlass. Bearbeitet und herausgegeben von Jürgen ZWERNEMANN. Berlin: Reimer.

SFIKAS, Georg
1989 *Die wilden Blumen Kretas.* Athen: Efstathiadis.
1990 *Wild Flowers of Cyprus.* Athen: Efstathiadis.
SIEGFRIED, Bert
1995 »Geraune um Alraune: Zofinger Prozesse um die ›Zauberwurzel‹«. In: *Zofinger Neujahrsblatt* 1995: 65-77.
SILVER, Jules
1975 *Liebesrezepte aus der Geheimküche Amors.* Genf: Ariston Verlag.
SIMEK, Rudolf
1984 *Lexikon der germanischen Mythologie.* Stuttgart: Kröner.
SPINELLA, Marcello
2001 *The Psychopharmacology of Herbal Medicine: Plants That Alter Mind, Brain and Behaviour.* Cambridge, Mass.: MIT Press.
STARCK, Adolf Taylor
1986 *Der Alraun: Ein Beitrag zur Pflanzensagenkunde.* Berlin: EXpress Edition (Reprint von 1917).
STAUB, H.
1942 »Non-alkaloid Constituents of Mandrake Rott«. In: *Helvetica Chimica Acta* 25: 649-683.
1962 »The Alkaloid Constituents of Mandragora Root«. In: *Helvetica Chimica Acta* 45: 2297.
STORL, Wolf-Dieter
1988 *Feuer und Asche - Dunkel und Licht: Shiva – Urbild des Menschen.* Freiburg im Breisgau: Bauer.
1993 *Von Heilkräutern und Pflanzengottheiten.* Braunschweig: Aurum.
1996a *Kräuterkunde.* Braunschweig: Aurum.
1996b *Heilkräuter und Zauberpflanzen zwischen Haustür und Gartentor.* Aarau: AT Verlag.
1997 *Pflanzendevas - Die Göttin und ihre Pflanzenengel.* Aarau: AT Verlag.
2000a *Götterpflanze Bilsenkraut.* Solothurn: Nachtschatten Verlag [Überarbeitete Neuauflage 2004].
2000b *Pflanzen der Kelten.* Aarau: AT Verlag.
2000c »Die Werkzeuge der Wurzelgräber: Elemente archaischer Pflanzensammelrituale«. In: Franz-Theo GOTTWALD und Christian RÄTSCH (Hrsg.), *Rituale des Heilens: Ethnomedizin, Naturerkenntnis und Heilkraft.* Aarau: AT Verlag. Seite 91-100.
STRASSER, W.
1993 *Pflanzen des ostägäischen Raumes.* Thun: Ott.
STRASSMANN, René A.
1994 *Baumheilkunde.* Aarau: AT Verlag.
STRÖTER-BENDER, Jutta
1994 *Liebesgöttinen.* Köln: DuMont.
STÜCKELBERGER, Alfred
1994 *Bild und Wort.* Mainz: Philipp von Zabern.

SYMON, David E.
1991 »Gondwanan Elements of the Solanaceae«. In: HAWKES, LESTER, NEE und ESTRADA (Hrsg.), ***Solanaceae III: Taxonomy, Chemistry, Evolution.*** London: Royal Botanic Gardens Kew and Linnean Society, Seite 139-150.
TABERNÆMONTANUS, Jacobus Theodorus
1731 ***Neu Vollkommen Kräuter-Buch.*** Vermehrt von Casparum und Hieronymum BAUHINIUM. Basel: Verlag Johann Ludwig König.
TABOR, Edward
1970 »Plant Poisons in Shakespeare«. In: ***Economic Botany*** 24(1): 81-94.
TACITUS
1988 ***Germania - Bericht über Germanien.*** München: dtv.
TERCINET, Louis
1950 ***Mandragore, qui es-tu?*** Paris: Edité par l'Auteur.
THOMPSON, C. J. S.
1968 ***The Mystic Mandrake.*** New York: University Books.
THOMPSON, R. Campbell
1949 ***A Dictionary of Assyrian Botany.*** London: British Academy.
TORO, Gianluca
2004 »Plantas visionarias en la antigüedad clásica«. In: ***Cáñamo*** 77: 100-103.
USTERI, A.
1926 ***Pflanzenmärchen und -Sagen*** (2. Auflage). Basel: Rudolf Seering.
VACCARI, A.
1955 »La Mandragora, erba magica«. In: ***Fitoterapia*** 26: 553-559.
VALETTE, Simone
1990 »Die Pharmakologie im alten Ägypten«. In: R. TOELLNER (Hrsg.), ***Illustrierte Geschichte der Medizin.*** Band 1: 463-479, Salzburg: Andreas & Andreas.
VENZLAFF, Helga
1977 ***Der marokkanische Drogenhändler und seine Ware.*** Wiesbaden: Franz Steiner.
VIOLA, Severino
1979 ***Piante medicinali e velenose della flora italiana.*** Mailand: Edizioni Artistiche Maestretti.
VON LUSCHAN, F.
1981 [ohne Titel]. In: ***Verhandlungen der Berliner Gesellschaft für Anthropologie, Ethnologie und Urgeschichte.*** 1891: 726-746.
VRCHOTKA, Jaroslav
1974 ***Mandragora: Illustrovaná Kniha Vèdecká*** 15.-17. Století. Prag: Nationalmuseum.
VRIES, herman de
1984 ***natural relations I - die marokkanische sammlung.*** Nürnberg: Institut für moderne Kunst, Stuttgart: Galerie d+c mueller-roth.
1985 »hermel, harmel, harmal, peganum harmala, die steppenraute, ihr gebrauch in marokko als heilpflanze und psychotherapeutikum«. In: ***Salix*** 1(1): 36-40.
1989 natural relations. Nürnberg: Verlag für moderne Kunst.

1993 »heilige bäume, bilsenkraut und bildzeitung«. In: Christian RÄTSCH (Hrsg.), ***Naturverehrung und Heilkunst.*** Südergellersen: Verlag Burno Martin: 65-83.

WAAL, M. de

1988 ***Medicinal Herbs in the Bible,*** York Beach, Maine: Samuel Weiser.

WALKER, Winifred

1964 ***All the Plants of the Bible.*** London: Lutterworth.

WALLBERGEN, Johann

1988 ***[Johann Wallbergens Sammlung] Natürlicher Zauberkünste*** (1769). Herausgegeben und mit einem Essay versehen von Christopf HEIN. Leipzig und Weimar: Gustav Kiepenheuer Verlag (Bibliothek des 18. Jahrhunderts).

WEINMANN, Johann Wilhelm

1736-48 ***Duidelyke vertonin, eeniger duizend in alle vier waerelds deelen wassende*** (4 Bände). Amsterdam.

WEINREB, Friedrich

1994 ***Schöpfung im Wort: Die Struktur der Bibel in jüdischer Überlieferung.*** Weiler im Allgäu: Thauros Verlag. [Seite 252-267 über die Alraune in der Bibel]

WERNECK, Heinrich L. und Franz SPETA

1980 ***Das Kräuterbuch des Johannes Hartlieb.*** Graz: Akademische Druck- und Verlagsanstalt (ADEVA).

WESTENDORF, Wolfhart

1992 ***Erwachen der Heilkunst: Die Medizin im Alten Ägypten.*** Zürich: Artemis & Winkler.

WEUSTENFELD, Wilfried

1995 ***Zauberkräuter von A-Z: Heilende und mystische Wirkung.*** München: Verlag Peter Erd.

1996 ***Heilkraft, Kult und Mythos von Bäumen und Sträuchern.*** München: Verlag Peter Erd.

1997 ***Die Rauschdrogen der Hexen und ihre Wirkungen.*** Lübek: Bohmeier Verlag.

WLISLOCKI, Heinrich von

1891 ***Volksglaube und religiöser Brauch der Zigeuner.*** Münster: Aschendorffsche Buchhandlung.

WÖHRLE, Georg

1985 ***Theophrasts Methode in seinen botanischen Schriften.*** Amsterdam: B. R. Grüner (Studien zur antiken Philologie, Band 13).

WOHLSTEIN, Herman

1959 »Heilige Bäume und Pflanzen«. In: ***Ethnos*** 1-2: 81-84.

WOOD, Christopher

2000 ***Fairies in Victorian Art.*** Woodbridge: Antique Collectors' Club.

ZELTNER, Renate

1988 ***Aphrodisiaka en vogue.*** München: Mosaik.

ZIMMERER, E. W.

1896 Kräutersegen. Donauwörth: Auer.

ZOOZMANN, Richard
1927 *Pflanzen-Legenden: Schlichtfromme Erzählungen von Blumen, Büschen und Bäumen* (2. Auflage). Karlsruhe: Badenia A.-G.
ZOHARY, Michael
1986 *Pflanzen der Bibel* (2. erweiterte Auflage). Stuttgart: Calwer.

Zu den Autoren

Claudia Müller-Ebeling, Jahrgang 1956, ist promovierte Kunsthistorikerin und Kulturanthropologin. Sie spezialisierte sich auf visionäre Kunst, Schamanismus und die Erforschung veränderter Bewusstseinszustände. Mit holländischen Kollegen organisiert sie unter dem Titel »Psychoactivity« Konferenzen zu diesen Themen und gehört dem Beirat des »Europäisches Collegium für Bewusstseinsstudien« (ECBS) an. Ko-Autorin (mit Christian Rätsch und anderen) von: »Hexenmedizin« (1998, AT Verlag), »Schamanismus und Tantra in Nepal« (2000, AT Verlag) und dem »Lexikon der Liebesmittel« (2003, AT Verlag).

Christian Rätsch, Jahrgang 1957, lebte insgesamt drei Jahre bei den Lakandonenindianern in Chiapas, Mexiko, und beendete sein Altamerikanistikstudium mit einer Dissertation »Über das Erlernen der Zaubersprüche der Lakandonen«. Unzählige und in viele Sprachen übersetzte Publikationen machten ihn international als Ethnopharmakologen und Ethnobotaniker bekannt. Darunter: »Räucherstoffe – der Atem des Drachen« (1996, AT Verlag), das wiederholt aufgelegte Buch »Pflanzen der Liebe« und das in vielen Auflagen erschienene Standardwerk »Enzyklopädie der psychoaktiven Pflanzen«. Mit Roger Liggenstorfer gab er beim Nachtschatten Verlag »Maria Sabina – Botin der heiligen Pilze« heraus und ist Autor des zweibändigen Tabakbuches in der Reihe »Die Nachtschattengewächse«.

Die nah verwandten Nachtschattengewächse Tollkirsche und Alraune.
(Kolorierter Stahlstich; Nuttall, FISHER & DIXEN, Liverpool; England, 1817)

Reife Alraunenfrüchte (***Mandragora officinarum***)(Zypern, Foto: RÄTSCH).

Blätterkrone der *Mandragora officinarum*. (Foto: RÄTSCH)

Junge Blätter der *Mandragora autumnalis*. (Foto: RÄTSCH)

Alraunenpflanze im Botanischen Garten, Hamburg. (Foto: RÄTSCH)

Die *Mandragora officinarum* in einer nahezu naturalistischen botanischen Darstellung (Aus: Johann Wilhelm WEINMANN, ***Duidelyke vertoning*** …, Amsterdam, 1736-1748)

Die Alraune im Kräuterbuch des Leonard FUCHS (1543).

Hexen brauen ihren Zaubertrank mit Alraunen, Bilsenkraut und Kräten. (Illustration aus SCHULTES, ***Hallucinogenic Plants***, (1976)

Der hochprozentige Alraunenschnaps aus dem Baskenland ist in der Europäischen Union frei verkäuflich.(Foto: RÄTSCH)

Darstellung eines antiken Buchillustrationsateliers. Der Künstler malt nach Anweisung des Dioskurides die von Epinoia (»Denkkraft«) gehaltene Alraunenwurzel (***Codex Vindobonensis*** med. graec. 1, fol 5v., um 512 nach Christus).

Alraunenfrüchte als Liebesgabe einer Ägypterin an ihren Gemahl

Wie so oft im späten Mittelalter wird auch hier die magische Szene der Bergung einer im Erdreich schlafenden Alraune durch einen Hund gezeigt, während sich der Wurzelgräber entfernt, um ihrem tödlichen Schrei zu entfliehen (Buchillumination mit dem Titel ***Fructus mandragore(a)*** aus dem ***Tacuinum sanitatis in Medicina, Codex Vindobonensis***, fol. 40 recto, um 1390).

Eine aufgeplatzte rote Mandragorenfrucht entläßt eine Horde fantastischer Wesen. Hieronymus Bosch ist der einzige Maler, der die phantasmagorische Welt der Nachtschattengewächse in seinen Altartafeln verewigte. (Linke Seite der Mitteltafel der Versuchungen des hl. Antonius, © Museu Nacional de Arte Antiga, Lissabon, spätes 15. Jahrhundert)

Aus den Darstellungen zur Auslegung des altestamentarischen Hohen Liedes Salomos entwickelte sich der Bildtypus der Krönung Mariä. Hier wird die Gottesmutter im Himmel von Jesus, Gottvater und dem heiligen Geist in Gestalt einer Taube gekrönt (Enquerrand QUARTON, ***Krönung Mariens***, 1454, © Villeneuve Les-Avignon).

Ein populärer Druck von Otto Boyer (19. Jahrhundert) mit dem Titel ***Alraun***. Im Schummerlicht bietet eine alte Hexe viktorianischen Damen ein Alraunmännchen an (***Alraun***, Gemälde von Otto Boyer; Titelillustration der Zeitschrift ***Daheim,*** 63. Jg., Nr. 20, 12. Februar 1927).

Hinter dem animierten Alraunenmännchen erscheint der Schatten des Golem (***Alraune und der Golem***, Postkarte von Film-Szenen, Serie I. Verlag der Deutschen Bioscop, Neubabelsberg, ohne Datum).

Mit magischen Gebärden bergen drei Nornen eine unter einem Galgen wachsende Mandragora (Robert Bateman (1842-1922), ***Drei Frauen ernten Alraunen***, um 1870, © Wellcome Institute Library, London).

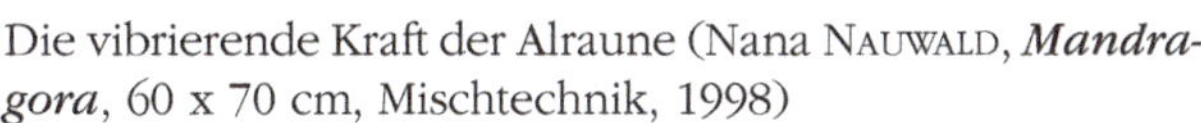

Die vibrierende Kraft der Alraune (Nana NAUWALD, ***Mandragora***, 60 x 70 cm, Mischtechnik, 1998)

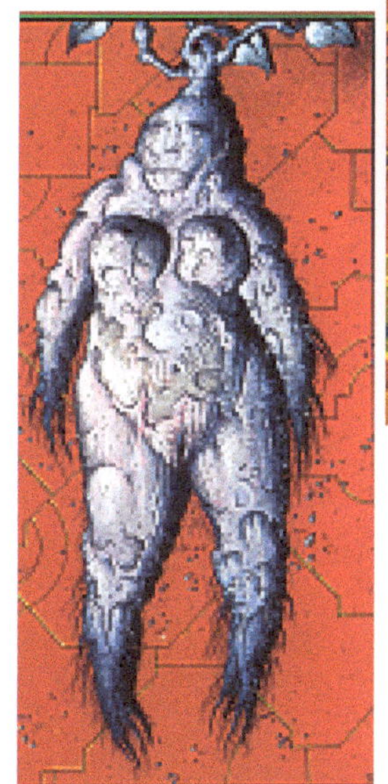

Alraunweibchen mit schwellenden Formen (Comix von CAZA, um 1980).